問候自己，你好嗎？

劉愛咪 著／插畫

心靈典藏：13

問候自己，你好嗎？

作　　　者　劉愛咪
出　版　者　大拓文化事業有限公司
執 行 編 輯　林美玲
美 術 編 輯　姚恩涵

總 經 銷　永續圖書有限公司
劃 撥 帳 號　18669219
地　　址　22103 新北市汐止區大同路三段一九十四號九樓之一
　　　　　TEL　(〇二)八六四七─三六六三
　　　　　FAX　(〇二)八六四七─三六六〇
　　　　　E-mail　yungjiuh@ms45.hinet.net
　　　　　網址　www.foreverbooks.com.tw

CVS代理　美璟文化有限公司
　　　　　TEL　(〇二)二七二三─九九六八
　　　　　FAX　(〇二)二七二三─九六六八

法 律 顧 問　方圓法律事務所　涂成樞律師

出 版 日　◇　二〇一六年二月

Printed in Taiwan, 2016 All Rights Reserved

大拓　TaLent TooL | 永續圖書線上購物網　www.foreverbooks.com.tw

國家圖書館出版品預行編目資料

問候自己，你好嗎 / 劉愛咪著. -- 初版.
　-- 新北市：大拓文化，民105. 02
　面；　公分. -- (心靈典藏；13)
　ISBN 978-986-411-029-2(平裝)
　1. 修身 2. 生活指導

192. 1　　　　　　　　　　　104028025

作者序

　　當我完成了這本生命故事，靜靜地回想著一路走來，從就讀七年的餐飲科系到畢業後五年的餐飲工作，前後重疊的十年餐飲時光，後來究竟是怎麼走入心靈療癒的世界，又是如何在三十歲後的人生，一步一步地圓滿著小時候的夢想？若不是生命中有這位用心生活的實踐教練──王慶玲老師，在〈邁向天賦之旅〉的課程裡，鼓勵著每一位學員勇敢去實踐自己的天賦，落實生活地走在體驗付出的道路上，今日我也不會一步步地實現成為一名瑜伽老師的夢想。在〈療癒書寫〉的課程後，更讓我實現內心深處裡，體驗一位作者書寫著生命故事到出版書籍的真心嚮望。

　　2004 年當時身型圓潤的我在高雄餐旅學院畢業後，選擇在歐式派店西餐廳工作。身為一名餐飲服務員，如果能夠感受到客人前來用餐是一種喜悅享受，我們便會覺得瞬間得到了最大的快樂與回饋。我覺得生活只要多些用心，工作勤奮努力，樂於協助他人，這樣簡單純粹的想法讓內心感到平安，彷彿就是人生最大的喜悅！

　　2006 年我來到二十五歲看著班上同學在畢業後的兩、三年裡開始各有成就，有的成為飯店經理、有的晉升為保險主任、

有的到國外成為領隊導遊，從此生活與山水共存，與魚游為樂，而且同學竟然還有高薪可領。他們每一位的收入與職位都比我當時在餐廳服務時，有二到三倍的收入，實在是讓我好生羨慕！同時更讓我陷入了看輕自己所提供的真心服務。

一位前來用餐的母親對著小孩說著：「如果你不努力讀書，將來就是這樣幫人端盤子！」這樣的話語，如同一把長矛正中紅心地刺到內心深處。當時完全沒有自信的我，感受到人生的失敗，也瞧不起當時的自己。所以在二十五歲的那一年，我離開了對我極為照顧與提攜的歐式派店西餐廳，離開了在餐飲服務業將近十年的時光。

就在要離開餐廳之前，我好奇著一位客人的職業——什麼是芳療師？當我知道精油是萃取大自然的能量，透過鼻子嗅吸與塗抹身體加以按摩便能讓人感到身心舒暢、平衡內在壓力與達到情緒釋放，這開啟了我想要了解精油與芳香療法的浩瀚世界！縱使我完全不會任何的芳療與按摩技巧，但我願意從零開始化為一張白紙地從頭學起。

謝謝當時的健身工廠——人體工房，透過店長的教導，讓我瞭解了人體的脈絡、皮膚的保養與精油的世界。感謝健身工廠提供給客人最舒適的運動環境，對於員工也總是給予高度的

獎勵與肯定。在人體工房我認識了許多真誠用心的芳療同事，以及親如家人般的客人朋友，而這一生最幸運的是在人體工房裡，我擁有了其他四位姊妹，我們也總是喜歡以五姊妹相稱。

其中的安乃文（安姊姊）生日是六月五日，恰巧在我母親生日的後一天，這樣的原因總讓我覺得跟這位姊姊特別的親近。當時我們五姊妹每天最開心的事，是每晚工作結束時買好兩袋鹹酥雞，配著一瓶便宜的紅酒，坐在地上圍個圈圈，暢快地飲酒談心。但那陣子深夜的促膝長談，安姊姊卻正經歷著人生的最黑暗期，當時的她，一個人需獨自面臨離婚的傷痛，差點就步入出家為尼的腳步。（詳見請參閱：《生命十重奏／安乃文著》，而我倍感榮幸地可以為安乃文的書進行插畫繪圖）

也就是在那一段痛苦的日子裡，安姊姊開始翻閱了許多心靈書籍，踏上心靈成長之路。我非常感謝那一次她帶領我們四位姊妹一起坐夜車上台北，參加〈合一靜心千人之夜〉讓我認識了王慶玲老師，並走入心靈成長的第一堂〈合一生命點化課程〉之後，我才開始真正願意去面對內在的真實，去碰觸內在的傷痛、去聆聽內在的聲音、去實踐生命的渴望。

2011年我年滿三十歲，「三十而立」的期許在我心裡有著極大的壓力。我鼓起勇氣真誠地告訴父母，我想一個人來台北

打拼，擴展人生的視野。來到台北後，卻依然選擇了極為熟悉的飯店餐飲業，在服務任期滿一年後，對於未來人生的方向我依舊深感惶恐，不知究竟該何去何從。但我知道成長不能停止，我尚未用到內在心靈的力量。每當感到莫名的心情低落或失意洩氣時，總會想起慶玲老師的生命教導，然後再次點燃內在一盞名為「希望」的明光！

老師在每堂課程中用富有邏輯性的教導方式、感受性的體驗活動與各項落實生活的步驟，帶領我一次又一次地深入課程去內省、去穿越、去學習。慶玲老師常說：「你渴望的，也正渴望著你。」我非常感謝這句真理，時時刻刻提醒著自己不要放棄，不要停止成長學習，讓我正視內在深處的渴望並持續擴展多元的天賦體驗。

2013 年我與安乃文共同成立「純粹心靈療癒瑜伽空間」，誓願今後能給予更多朋友在心靈上點亮一盞明燈，幫助到更多像我一樣對未來有著生活迷茫、不確定感、以及在關係裡受苦的朋友，能透過心靈成長課程的學習，找回每一位內在都早已擁有的神聖力量。（詳見請參閱：《靈魂深處的力量 / 王慶玲著》）

回想這一路走來，我感受到的打擊與挫敗，往往都不是來

自於別人的批評，而是每當腦海裡升起我的人生應該如何才是對的、我與伴侶的關係應該要如何甜蜜才是幸福的、我的表現應該要做到如何才算是優秀的……想到這些就感覺到身上的力量一天比一天耗弱……一天比一天沒有自信……一天比一天還沒有希望！每當看到朋友有優秀的表現，我就想要換掉自己成為她。所謂多情、花心可能是見一個愛一個，而看不見自己的我，卻是見一個想換一個。在很長的一段時間裡，我無法感受到自己存在的價值，雖然很想做自己，但想要達到期望中的完美理想反而更令人容易失去自我，這樣的苦悶讓我說不出口，只能把不舒服的感受時時壓抑在心頭！

透過《問候自己，你好嗎？》一書，想要告訴大家，我是透過「閉上眼睛，連結真心」來確認做一件事情的初衷與穿越父母之間的相處難題，認出源頭神聖的愛。在愛情跌撞的世界裡，我從「放下評判，看見自己」來釐清內在真心的渴望重新做回自己，允許擁有一段幸福美好的關係。

在人生的十字路口中，我願意為自己「下定決心，實踐夢想」，而這份篤定與努力讓生命更具有意義。透過「學會信任，才能放鬆」放掉想追求完美的控制，體會到生命因此更具有彈性。

　　「蛻變來自不斷的熟練」讓我建立自信，學會用真實的情感來帶領心口合一。然而生命本質是圓滿喜悦，「專注內心的渴望」勇敢允許並把握機會，做自己生命中最重要的貴人。凡事先「敞開心胸，機會無限」便能覺察生命，讚嘆這一切愛的發生！藉由這七個章節，結合了我在心靈成長上與瑜伽學習的領悟，記錄著即便成為了「純粹心靈療癒瑜伽空間」的創辦人，但內在裡依舊感到種種失落的黑洞與如何重新拾回力量的過程。

　　並在各章節的最後獻上〈問候自己‧一同練習〉——透過瑜伽連結你的身、心、靈以及〈心靈瑜伽領悟〉，讀者們可以在各章節閱讀完後，為自己挑選一卷喜歡的音樂 CD，跟著書裡面的引導學習瑜伽體位並感受瑜伽帶給身體與心靈的巧妙變化。除了身心能得到滋養，更能學習放下內在追求完美之苦，使壓力恢復平衡，使情緒得以釋放，讓力量回流於自身，讓情感湧現於體內。給自己沉靜的練習時光，我相信您的心靈領悟必會透過持續練習帶給您堅定無比的內在力量。

愛與孤獨的生命之旅

　　人似乎到了一個年紀，會開始對於"孤獨"有著不一樣的體會與感受，甚至多少有著難以言語的深刻理解。看來，我應該是到了這個可以跟孤獨做朋友的年紀，才會在愛咪這本療癒書寫《問候自己～你好嗎？》，遇見了跟著我很久的的孤獨。

　　雖然我的生活看起來與孤獨一點也扯不上邊，擁有多元身份角色的生命歷程，很多時候是熱鬧而溫暖，寧靜中不離人群，即使一個人爬文到深夜，或是午后一個人的案頭與咖啡杯之間，也始終沒有這位孤獨朋友可以放縱的位置。

　　也許讀者會好奇，為什麼看完了這本由愛咪歷經兩年多書寫的這本書，我會提到孤獨呢？
　　因為在這本書裡，我看見了關於愛與孤獨的共鳴與出口。

　　和愛咪一樣，年輕時候的我，以為只要讓自己不無聊就能夠逃離了孤獨，我讓自己不斷浸泡在自以為是的愛情裡，也讓自己在為愛痴狂的義無反顧裡，把自己忘掉，把夢想忘掉，直到忘到沒有了自己，也就不會讓孤獨趁虛而入到我那青春無悔的年少輕狂裡，我曾經就是這樣遺失了自己。

但是愛咪面對的方式不同，一個年紀輕輕的南臺灣女孩，有著熾熱旺盛的想望在她的生命裡，"台北夢"是這個女孩從餐飲學院高分畢業的登高眺望，更是當時她與一只行李的默契約定，只是她從來沒有仔細閱讀關於人生築夢契約裡，還有個附加條款的孤獨，載明註記了這個孤獨，從不除外也絕不例外。

在愛咪書寫的每個章節裡，我回首從前，發現年輕時的自己不但太害怕孤獨，而且害怕不被愛與理解；於是任由歲月的青春籌碼大筆揮霍，所以一再怨過錯過與悔過。如果我還有機會與年輕時候的那個我相遇，透過愛咪書中的和解過程，我知道現在的這個我會變得更勇敢更釋懷，更有智慧去面對我的孤獨。

孤獨是生命智慧的一部分，不管你是誰，無論你有什麼樣的身份地位，還是上輩子多燒了幾柱好香，孤獨智慧就是本然於每個人的心靈角落裡，總是蠢蠢欲動的需要你的瞥見。

而關於我生命中的孤獨感，她總是不請自來，也總是悄悄的襲上心頭，我明白孤獨感不是一種病症或理由，自然的沒有特效藥也無須給予詮釋，但現在的我似乎漸漸的熟悉了什麼是孤獨，它無毒無害又時不時地充滿在我的浩瀚小宇宙裡。當我擁抱時，孤獨也深深的在我的擁抱裡，當我深切地體會愛，孤

獨也回應著深切的智慧。

　　如同愛咪在歷經愛情、友情與親情時，她全然的擁抱了在關係中不完美的自己，這樣的全然裡，孤獨早已融進了智慧裡，而這些智慧透過愛咪這兩年多來的文字心意，期盼讀者也能與我一起徜徉在愛咪的溫暖真誠的書寫裡。

　　謝謝我這一生能遇見愛咪，並榮幸地成為她擴展天賦的僕人，更有幸能協助她療癒書寫，並且能為她的這本書向上天下載了這個溫馨的書名：問候自己～你好嗎？

　　最後
　　謝謝愛咪讓我有機會認識這本書的貴人林總編。
　　謝謝愛咪把你親愛的安姐帶到台北來。
　　並且
　　謝謝旅程中所有的相遇

　　合十
　　很多的愛

身心靈帶路人／天賦擴展的僕人　王慶玲

問候自己，你好嗎？

Chapter 3
下定決心，實踐夢想

Chapter 4
學會信任，才能放鬆

問候 自己，
你好嗎？

Chapter 7
敞開心胸，機會無限

Chapter 1

閉上眼睛，連結真心！

How are you doing lately?

平靜淡泊，
是一種安然自在的生活狀態；
空虛無聊，
則是生命需要變化以及對學習上的精進成長在聲聲呼喚。

我相信生命是專注在哪裡，那裡就會被擴大！
我願意去相信冥冥之中會有意想不到的無限創造，
我願意讓力量如潮水般地往體內湧進，
給我十足力量與勇氣，然後確認「心」的方向，
睜開眼睛，朝前目標，行動而去。

第一節
OM 的寧靜迴盪

　　鬧鐘響起，微微睜開眼睛，一覺醒來，我喜歡立即地告訴
自己，今天是美好的一天，我是最棒的，我喜歡我自己。

　　也許是一早需要大聲喊話的精神呼語，才能打退我身上還
想要繼續賴床的瞌睡蟲。然而在一天的開始之前，未進早餐之
時，我會先讓自己的身體暖和舒展起來，先做個半小時到一小
時的瑜伽來迎接今日的美好喜悅。

　　在瑜伽練習之前，我喜歡先將雙腳盤腿，讓坐骨穩穩坐立
於地面，在尾骨內捲、腹部內收的狀態下挺直脊椎開展胸腔。
雙手自然垂放於身體兩側，手心翻轉過來正面朝上，透過這個

動作再次提醒著自己——我願意敞開。然後一個吸氣，將注意力來到手心上方，感受手的溫度與重量，緩慢地讓雙手高舉至頭頂，將意念集中於兩掌之間，想像有一道金黃色的祝福光芒，從頭頂上方傾注而下。

隨著雙手十指輕輕交疊，在吐氣的同時雙手合十緩慢下行於胸口之間，並在心裡給自己一個微笑，將這股意念的美好由心胸帶往頭頂上方，連結內在至高無上的神性力量。再用三個緩慢的深呼吸，在每個吐氣中，用一聲 OM（嗡）來展開今日美好的一天。

OM（嗡）的渾厚、沉穩、安住當下、靜中禪定的回音，總是帶給我無比的舒暢感，彷彿回到母親胎腹裡被羊水完全的包覆，那麼地安全、自在、無憂愁，從寧靜自在中誕生一份喜悅的感受。

有人說 OM（嗡）是宇宙大爆炸時所發出來的第一個聲波，所以充滿著神祕的能量，也代表著 OM（嗡）這聲音在能量共振

時是力大無窮。每個人對於 OM（嗡）的感受也都不一樣，對我來說，雖然在浩瀚無比的宇宙中，我們比任何一顆沙塵都還要細小，但生活在這充滿神奇奧祕、資源豐富、能源充足的地球裡，我們就是一聲 OM（嗡）宇宙爆炸的產物，體內細胞與這神奇奧祕的宇宙，是擁有同樣的能量、同樣的力大無窮。

所以，在心沉定之後由心發出的一聲 OM（嗡），總能讓我感受到內在最高的意識在輕聲呼喚，彷彿說著……回憶起來……我是擁有巨大能量，我是神奇奧祕的宇宙創造，內在不僅資源豐沛滿滿，最高意識更是時常相伴。也唯有在靜心時刻裡，我才能對內在最高的神聖意識表達內心的無限感謝，謝謝祂一直提醒著我、守護著我。

守護著，當情緒不佳跌落到谷底時，能提醒自己此刻眼睛所看到的創造，並非是真的不可轉變的境況。提醒著自己，對於所感到的種種限制性、不舒服的境況，是眼睛一個片面的看見，是頭腦在一個限制性裡的幻相，它是可以隨著內在狀態改

變、隨著思想改變而跟著改變的。OM（嗡）的聲音提醒著去回憶起，真正的我——內在神性的我，一切都早已是圓滿俱足的。

　　雖然在靜心的過程中，大腦運作裡還是會有紛亂的思緒飄來飄去，既雜亂無章也沒有頭緒，但是隨著鼻子專注於呼吸可以再次調整，讓心回到清澈與安定。

　　回想起近期，仍舊會感受到金錢資源非常限縮的時候，自己在外生活的房租，以及經營「純粹心靈療癒瑜伽空間」每個月的租金繳交，還有月底須繳清的信用卡費與生活費，每一筆支出都像一雙雙緊迫盯人的眼睛，看著我、逼著我，考驗著是否能順利的將費用付清，考驗著我是否還能在夢想上繼續前進。雖然我不是像公司的大老闆，一出手就是上千百萬的資金在運作流動，但對於金錢的緊縮，我依舊是深愁在眉頭，依然地感到不安、一樣地焦躁、無助和憂愁。

　　金錢流進來的速度與金額總是遠比不上流出去的多，內在的精神與力量彷彿被抽乾了只剩下軀體以及空蕩蕩的靈魂。但

我沒有失意，也沒有怪罪，只是覺得自己怎麼變不出金錢的豐沛顯化而懊惱，手邊沒有多餘的費用，還計畫要出國去找心愛的另一伴遊玩，若真去到那邊豈不增加他人的負擔！

深陷苦惱的我，好像世界就要因此坍塌。煩亂不安的心，透過每一次的瑜伽靜心讓我有時間沉澱下來，我永遠記得慶玲老師在〈玫瑰女人——內在祕境圓滿之旅課程〉曾教導過：「這一切都不是真的！這一切都是幻相！連結源頭取回內在力量。」以及〈在愛中合一，大轉化〉的課程裡所教導：「神要你做的，是顯化財富，而不是得到財富。」這些有力的迴盪聲響再再提醒著，我還有很多想要體驗的夢想清單尚未逐一實踐！我還有很多內在的力量尚未使用出來！不要放棄，請加油，再繼續努力。

感謝每一堂課所寫下句句真理的筆記本，總是成為我在心煩意亂之時，六神無主之際，跳脫限制感最重要的法寶，讓我能快速從恐懼擔憂的沼澤裡，再次超越幻相的障礙而繼續朝向

生命目標前進。重新省思後真切地感受到金錢並非紙鈔，更不是我們眼睛所看到的數字而已，而是一種內在的能量狀態，如同俗話所說「人逢喜事精神爽」，精神好的時候頭腦思維清楚，體力滿分的狀態下，好運自然接連不斷，財運喜事更是自然而然地跟隨而來。而且當能徹底知道，我所需要的金錢是要用來做一些對我來說非常滋養、重要且喜悅的用途之後，這筆費用將會因無比堅定的信念，透過內在的真心渴望，讓金錢從四面八方湧向進來。

　　每一次在經驗這些神奇的奧祕發生時，我就不由得讚嘆驚呼，這實在是太超乎我先前那被現實綑綁、緊縮不安的小小腦袋了！而這一切的體會，必須來自一次又一次的心法練習，與一次又一次的願意相信。在慶玲老師的心靈成長課程中，我專注的聆聽、用心的筆記、與不斷地學習……深刻地感受到原來生命的一切都是靈性，而金錢更是靈性的顯化。再次回顧這短暫的金錢緊縮限制感，並試著用放大百倍的角度來檢視一路走

來的生命歷程，我想生命中那些讓人煩憂、恐懼不安的種種課題，都是為了讓自己的生命故事留下不同的體驗精彩。

回想在今年 3 月慶玲老師所帶領的讀書會中，結束上午的電影欣賞與生命教導後，老師帶著我們大家成群結隊地去台北市的兒童新樂園遊玩，在遊玩過程中大家需分隊競賽，並遵守遊戲規則，並於下午三點前要整隊一同回到純粹空間，才算符合競賽資格。

在兩個半小時的遊玩裡，我深刻地體會到生命的旅程，如同去遊樂園玩般。如果只是坐在旋轉木馬上繞著圈圈轉，過程中不僅安全感十足、心情十分喜悅愉快、外加伴隨著無限的浪漫情懷。但是整體遊戲玩下來，將會感覺到遊戲的刺激度不夠，無法讓人留下深刻的回憶。而懼高的我，玩起雲霄飛車與海盜船時，兩腿就會發軟地顫抖個不行，尤其在玩大怒神的升高墜落時，我一整個手心冒汗、胃在翻滾，回到純粹空間後，大家分享著各自的體會，而我確實體會到，越是挑戰自己的極限，

越覺得特別地深刻有趣，會讓我再度地懷念說嘴，絕對會是那些讓人雙腿發抖、手心冒汗、尖叫吶喊聲不斷的遊戲！

　　雖然不能說人就是犯 X，平穩的生活不過，就是要過緊張刺激的，才讓人有活生生心跳的感受！但是人生這個遊戲場，打從娘胎出生後，彷彿在冥冥之中早就已經計畫好，我們從哪邊跌倒，就要從哪邊再度站起的課題。慶玲老師曾說過：「去覺察生命有哪裡讓我們感覺到緊張不安的，那裡就是生命學習的線索。哪裡有限制感，那裡就是生命需要突破穿越的擴展。」而我想，人生在哪裡遭逢挫敗，那裡就是生命將要徹底發揮的精彩。

　　我好珍惜老師每月所帶領的讀書會，真的很感謝老師為我們大家費盡心思，總是在一整天的相聚共振中帶給每一位滿滿地、滋養身心的禮物回家去，帶領大家繼續生活朝著夢想前進。若不是這一次去遊樂園遊玩的體驗，讓我真正經驗到原來這一切生命關卡都是為了要學習體驗生命的好玩與有趣，透過事件

的發生才能讓我們願意一再一再地深入自己去內化、去體會、去思索，經歷成長的蛻變而誕生出真正的愛與智慧。

　　對我而言，平靜淡泊，是一種安然自在的生活狀態；空虛無聊，則是生命需要變化以及對學習上的精進成長在聲聲呼喚。我相信生命是專注在哪裡，那裡就會被擴大！對於生活上所感到的限制感我不禁提醒自己，當專注在錯誤的恐懼上，那被我假想出來的幻相與恐懼就會被擴大。若專注在真摯可貴的初衷上，堅定的信念能幫助願望更快速地顯化。

　　所以在每天的早晨裡，透過一聲 OM（嗡）讓自己的心寧安定，回歸初衷。在靜心中感受著自己是宇宙的產物也是整個意識的源頭；創造了宇宙，創造了地球，創造了資源豐富以及能量無窮。雖然在宇宙中我是如沙塵般地細小，但內在能量和宇宙能量緊密相連，我願意去相信冥冥之中會有意想不到的無限創造，我願意讓力量如潮水般地往體內湧進，給我十足力量與勇氣，然後確認「心」的方向，睜開眼睛，朝前目標，行動而去。

第二節
生命的墊腳石

　　在瑜伽的練習裡，不是為了要追求動作的完美呈現，而是在瑜伽伸展中能讓身體在正確的姿勢裡，確實地伸展到脊椎至頸部的延伸，身體側邊的線條被加強地延展，髖關節活絡與壓力的釋放，進而讓在生活作息裡的種種錯誤姿勢，如翹腳、駝背、攤坐在沙發、久坐電腦前的頸肩痠疼等肌肉緊繃與神經的壓迫，有一個讓肢體、肌肉與神經可以被柔軟、舒暢、放鬆回歸至正確位置的機會。

　　在體位法的練習裡首重平衡與穩定，而站姿（山式）是所有體位法中最重要的根基與墊腳石。我在瑜伽課上帶領同學時，

會不斷地提醒同學，一個好的站姿，是確保身體安全並伸展到位的一切開始，也想起我在台東心靈瑜伽所受訓的 200 小時訓練中，Michael 老師和 Sucharita 老師的聲音好似猶如在耳……

讓自己在兩腳站立中雙腳寬度與髖關節同寬，左右腳大拇指平行且相對，腳刀平行於瑜伽墊（所以兩腳會有微微內八的感覺），再將十隻腳趾頭一一勾起來，確認腳底下的三個腳球可以穩穩地貼住地板，然後再讓腳趾頭一個一個放鬆下來貼回至地板上。

此時，去感覺小腿肌肉向外，而大腿肌肉微微內旋，兩腿中間想像輕輕夾著一本書，而雙腳就像樹根般地往地板下扎根，腳掌吸取並盤住土壤裡的眾多養份。

接著，讓尾骨內捲，腹部內收，將這股力量帶往心胸，再由胸口帶往至頭頂上方，延長脊椎的線條。然後輕輕地將肩胛往後往下延伸，讓心輪整個被開闊舒展開來。

想像此刻自己化為一座大山，穩穩地，屹立不搖。閉上眼

睛，由衷地感謝兩隻雙腳可以穩穩地站立在地面上，可蹲、可站、可走、可跑、可跳，可以在這世界來去自如、隨意地走動。滿歲後的小寶寶是透過學習爬行、蹲坐、站立與走路來認識這個世界，而我們是在父母的教導之下，從自我認知的關係與連結家庭的關係後，才開始往外探索這個世界，進入了朋友關係、工作關係、伴侶關係、金錢關係等等的面向。

我想起曾經在瑜伽練習的時光裡，特別明顯地感覺到上半身的姿勢，可以自在地靈活伸展與扭轉，但是下半身的雙腿支撐在地面上卻顯得特別格外地緊張和吃力。以瑜伽動作來說，勇士式算是重要基礎的體位法練習，但是往往不到幾分鐘的時間，我便感覺到雙腿在顫抖，好像腿部沒有任何力氣與肌力，支持著我來做勇士式的練習。沒有被支持的感覺，彷彿化為一首歌的旋律，不斷地在我耳邊響起……

最後我回到站姿，讓雙腳站立與髖關節同寬，並再次閉上眼睛，尾骨內捲地收起小腹，讓意識的專注力從上半身來到

下半身，連結雙腿至雙腳的腳底板，寧靜地聽著身體有無在對話，霎那間，年幼時父母親爭吵的畫面竟清晰地、卻又片斷般地一一湧入了腦海……

我看到當時約五歲的我，躲在牆後看著父母親在互相咆嘯與嘶吼，看著母親咒罵著父親，父親發脾氣地將母親推倒在地，隨後一張椅子飛出、砸在牆上，發出好大聲的聲響。我哭著楞在牆邊，慌張地雙手比劃說不要不要，卻不敢向前阻擋，直到父親轉身離開了家，我放聲大哭地跑向前去檢查母親有沒有哪兒受傷，此時只見母親什麼話也沒說，只是坐在一旁流著眼淚，淚水中訴說著種種委屈，隱藏對父親、對生活的百般忍耐。

當時的我對於幫不上忙，只能任由父母親吵架吼罵，甚至動粗，感到自己好沒用！好無能！只能在心裡同情媽媽並咒罵爸爸，哭泣著為什麼要這樣對待媽媽。於是在心底告訴了自己，長大以後絕對不要像這樣子跟對方吵架，有話一定要好好講。

爸媽的爭吵帶給我當時很大的衝擊與震驚，長大之後雖然

閉上眼睛，連結真心

明白，人生一路走來絕對不會是風平浪靜，也不會有永遠的晴空萬里。但是因為討厭暴力也害怕關係上的衝突，於是在成長的過程中，敏感著也避免著，收起種種有可能引起關係不舒服的發生，進而變得不敢表達內在真實的想法，不敢以自己的主張來據以力爭，不願意與人發生爭吵，更不懂得用大聲說話來虛張聲勢，不知何時我似乎選擇了和母親一樣地忍氣吞聲，寧可委屈了自己也要維持身邊所有關係表面上的和平。

於是不斷叮嚀著自己，在上課中要當個乖學生，在家庭裡要當個乖小孩，在愛人面前要當個好情人，在朋友面前要當個好姊妹。永遠寧可讓對方占盡優勢，完全照著對方的計畫走，嚴謹地想控制期望中的完美關係是個毫無爭吵的世界，腦海裡更遐想著可規劃安排的理想境界，卻在生命的旅程中因為無法真實地做自己而深感痛苦，在關係上更跌得像狗吃屎般地失落與狼狽。當時年紀還小的我就開始羨慕著親戚朋友的家庭，舅舅、姑媽、阿伯阿姨們，他們看起來好像幸福美滿地不愁吃不

愁穿，小孩各個也都好會唸書，好像只有我們家是個問題家庭。看著爸媽的婚姻關係不像童話故事中的幸福甜蜜，爸爸對家裡的漠不關心，媽媽在家裡的埋怨怒罵，而這一切的不夠幸福就是因為「錢太少，不夠用」這六個字所引起的爭執和煩惱。

更有一個畫面是，年約13歲的我，在晚餐時協助將母親煮好的飯、菜一一端至客廳的小桌上，當時我倚在廚房的冰箱旁，陪伴著母親，並聽著母親對家裡的抱怨，對我與姐姐的不滿。我知道母親對家裡的付出很多，一個女人要掙得整個家庭的經濟來源，把兩個小孩養大，有多麼的不容易，母親碎唸著我的學業成績不理想，為什麼其他人（尤其是表妹）都很會念書，怎麼就我與姐姐這麼不會念書？在學業考試上面表現這麼差勁呢？

不知從什麼時候開始，內心竟然有一度羨慕起孤兒院的孩子……覺得活在這世界上沒有爸媽的嚴厲管教、沒有爭吵的怒吼聲，一個人活著只要不餓死，生命似乎也一樣可以很美好。

回顧過往才重新想起自己有過一段這麼不懂事的歲月，我能夠生長在一個能擋風能避雨的房子裡，有床睡、有飯吃、有爸媽的愛、有姊姊的陪伴，跟一生下來就沒有父母的照顧、沒有完整的家庭比較起來，我真的已經是幸福的太多太多了，真的要非常非常地感恩知足才是。

　　而我花了近二十年的時間，才能真正地感受到家庭帶給我的溫暖，爸媽給我們兩個小孩的愛，早已是全心全意地完全付出，對我們是徹底無索求的愛。花了近二十年的時間，才能明白我不需再羨慕其他朋友的父母親，我的爸爸媽媽就是最適合我的爸媽，並由衷地感謝這一對帶領我成長並引領生命去發現恩典的兩位老師。

第三節
已盡全力的父親

現在的我，想起父親，臉上總是帶著滿足的喜悅！

那是一種感受到滿滿地被接受與被疼愛的感覺，尤其是在每一次要回來台北前與爸爸相擁道別的時刻裡，總是感受到在父親伸出臂膀的擁抱下，是給予我多麼地溫暖、安全、有力量。

然而在未踏上心靈成長的道路之前，記憶總停留在父親對家庭的「毫無貢獻」。小時候作文題目常常會有〈我的爸爸〉，這類的題目總是讓我感到苦惱萬分，因為記憶中除了父親將我背在肩上玩耍的歡樂回憶之外，其餘再也無法感受到父親有哪些值得驕傲的地方，對父親的種種行為，我時常感到看不過去，

閉上眼睛，連結真心

Chapter 1

批評也總是多過於讚美。

時光飛逝，年齡來到二十六歲，當時於健身工廠人體工房 Spa 部門擔任芳療師一職，藉由精油與放鬆肌肉按摩技巧來幫助客人舒緩身體上的不適。那時的我對精油深深著迷也讚嘆大自然的神奇，覺得透過精油的嗅吸，就可以把大自然萃取之精華以及所賦予的訊息，循著神經傳導系統送達到全身各個相互對應的地方，包含器官、血液、大腦……等，如此可以協助身體機能逐步回歸到合諧、平衡與健康的最佳狀況。

因為想要更貼近客人的心，開始閱讀了相關的心靈成長書籍，我也學習了塔羅牌想更貼近自己的內在，去了解心靈深處的想法，並期待有一天能透過塔羅牌來幫助他人解惑，希望周圍的好朋友每個都能身心自在。

有一回，在學習塔羅牌時，老師先進行了幾項簡易的諮詢。我鼓起了勇氣向老師詢問我與母親的關係，還有之後的工作發展，最後請老師在感情上給予寶貴的建議。大波浪的捲髮，親

切的笑容，體態豐腴而溫柔有耐心的老師對著我說：「怎麼都沒聽到妳提起爸爸呢？」我清晰地記得當時是多麼毫不猶豫地直接搖頭回答：「我的爸爸呀？沒什麼好說的阿！爸爸從小就不在乎我們這個家，從我長大懂事以來，沒看過爸爸拿錢回家，所有的家庭開銷支出都是由母親一個人在承擔。」

我臉色不悅地帶著指責的口吻繼續說著：「爸爸就只會成天往外跑，在母親上班後的十分鐘就立刻關起家門出去找朋友，在母親下班之前半小時內就會趕回來待在家，然後坐在沙發上手拿電視遙控器，就這樣盯著螢幕一台一台地轉著，好像什麼事也沒發生。」然後我繼續用著十分斷定的口吻再跟老師說：「爸爸對孩子學習成長的事，以及對家裡的事一點兒都不在乎，他只關心外面的朋友，唯一想跟我們交談的話題是政治跟新聞，可是我一點兒都沒有興趣。」

當時的我其實很苦惱並反覆思索著不知道究竟該如何與父親相處、該如何親近父親，因為我確實十分羨慕著來做芳療

閉上眼睛，連結真心

Chapter 1

SPA 的客人，他們都有著幸福美滿的家庭關係。而且剛開始接觸心靈成長的我，知道對於金錢、感情、工作、事業等等任何關係，假如想要幸福圓滿，一定要先穿越和父母之間的關係，也就是要真正地打從心底地愛父親、愛母親。

塔羅老師很有耐心地凝視著我，對我說：「妳知道妳爸爸的內心也很苦嗎？」

我搖頭說著：「不知道。爸爸不用上班工作，看起來整天無所事事，心裡有什麼好苦的？」

老師回答著：「妳的父親在家裡沒有地位，沒有人願意聽他說話，父親無法以優秀的形象呈現在妳們面前，得不到妳們的認同，所以只好拋開這些，常常跑去外面找朋友，至少在朋友面前可以重新建立一個形象，讓他可以看起來至少好一些。」

聽到這段話，我感到相當地震驚，對於父親的心情感到相當地同情！

之後的我，開始願意去試著了解爸爸內心的苦，去試著明

白沒有一個人願意把自己的生活過成這個樣子。我相信爸爸一定也想拿錢回家，在家做個有頭有臉的父親，在家做個趾高氣昂的父親。究竟是什麼阻礙了他生命前進的動力？我想一定是有一個連父親自己都無法穿越的苦，無法有勇氣去突破、去面對生活，才會讓自己生命如此消極……雖然始終不明白爸爸的內心，我卻願意嘗試著去理解，原來爸爸是因為在家裡得不到認同感，才會常常出外找朋友。原來是家裡沒有人給出真正的關愛，父親又如何向孩子表達更進一步的關懷？

從未離家的我，滿三十歲後鼓起勇氣跟父母提議想隻身到台北打拼。母親其實很捨不得孩子要離開家裡，而父親始終都很尊重與支持我的決定，只要我想清楚就行了。

有一回連續假期趕著搭夜車回家，爸爸知道我要回來，特地把車子的油箱加滿，跟母親說明天開車載全家出去走走，去高雄內門紫竹寺的廟裡拜拜。這是以前很少有過家庭出遊的機會，我和母親臉上的表情都顯得特別興奮，相當的喜悅。縱使

母親在旅途中開始碎念著父親：「每次開車出來玩，總是在一個地方停留十分鐘就叫著大家上車往下一個地點去，總是在這個廟裡『逛』完又到下一個廟裡『逛』，跟爸爸出來玩真的很無趣！」但我在後座看著父親安靜地駕駛，心裡想著雖然父親從來沒有像母親對於神佛這般虔誠，但父親有一份開車載我們出來遊玩的心意。我輕撇著臉看向車窗外一大片山野與綠油油的稻田——在那恩典乍現的片刻裡，心裡湧現出一個很深的明白與感謝！

是阿！爸爸已經盡力了！

「開車」載全家出來遊玩，這是爸爸在這個家唯一能表現愛我們的方式。可能這份愛沒有辦法透過錢，讓老婆與孩子吃得更飽，住得更好。可能沒有辦法透過關係或權力讓孩子們有更好的職業或是發展，但爸爸願意待在家裡，準時的協助丟家裡垃圾，修理該維修的電器物品，預先在晚餐前洗好浸泡白米這些等等的生活雜事，我相信爸爸已經盡了他的全力。

如同我在帶領瑜伽時，最常提醒著學員，在瑜伽伸展中只要盡了自己的百分百，就是自己的一百分，不需要與他人比較，每個人都有各自需穿越與學習的課題。我感到好幸運，因為走入靈性學習，有機會能感受到那一剎那恩典的降臨，讓我明白了父親的苦楚與他的心意。曾幾何時我也深深感受過，內在有很深的限制感，總覺得自己沒有能力、沒有力量、沒有被接受過、肯定過的傷感，以及那不敢突破自己所設的柵欄……

在那一次全家出遊後，我便不再對父親有任何的批判，我確實已深深地感受到父親對家裡的愛。現在每當要離開高雄回到台北工作時，我一定都會先去抱一抱爸爸，對他說我愛你，請在家多做運動，好好照顧身體，並且找時間打電話告訴他我會想他、我愛他的心情！

第四節
母親的手心

　　每到五月份母親節的來臨時，透過卡片總想寫滿對媽媽無盡的感謝。回想起大學畢業後反而進入了人生的叛逆期，讓母親操心的日子，我依舊會感到非常的過意不去。

　　母親的愛女心切，多麼渴望女兒將來會有好的歸宿與工作發展，所以在管教上總是更加地嚴謹小心，留意交友情形以及唸書的成績。對於母親在生活上的管教，不懂事的我卻常常與母親的觀點作對，母親不喜歡女人家晚歸，我就偏偏晚歸，還背著母親做了很多連自己都認為不妥的事情，例如凌晨一兩點才回家、或編理由住在朋友家裡，甚至體驗過抽菸、喝醉酒，

趁著爸媽睡到半夜偷偷打開鐵捲門，跑到門口外讓朋友接出去遊玩、打撞球、唱歌夜聚等等，回想這一段荒謬的歲月，實在是很不懂得珍惜把握精進學習的時間。

那一年19歲的我（傳說中19歲是很容易發生意外的時刻，不宜慶祝生日）正值大專一年級下學期，當時去墾丁悠活飯店工作實習了六個月，正開心著因為選擇外地實習可以不用住在家裡，父母親管不到我的食衣住行。有一回下了班騎著同事的摩托車沿著山路要回家。心想著在恆春這個小地方沒戴安全帽是很正常的行為，索性就把安全帽放在腳踏墊上，輕鬆涼爽地吹著風。

後來從左邊的後視鏡看到有輛警車在很後面的地方，持續緩緩地朝我方向前進，叛逆的個性突然再次「發作」，不僅不把安全帽戴起來，反而右手更上緊了油門，高速地在蜿蜒山路上行駛。然而不熟練地駕駛著朋友的機車，將油門催到最底，一時失去重心，彷彿有人在搖晃車把龍頭般地左右搖晃，最後

硬生生地摔倒在小石頭路上。只見警車開過來，警察下了車對著我說：「妳要不要緊？騎那麼快做什麼，我又沒有要抓妳？」，我頭都不敢抬地快速回答：「我沒事、我沒事！」，直到警車遠去，我才發現右腳小腿流了一整片鮮血，反骨到底的個性還自己硬著頭皮牽起機車，騎去醫院包紮處理。這次「高速犁田」的摔車，讓右小腿的皮膚像是二度灼傷一樣地嚴重，至今還留著疤痕。

當時回到高雄在小型醫院的包紮下因為照顧不佳，雖然表皮結痂了但裡面卻開始發炎化膿，傷口嚴重成為「蜂窩性組織炎」，必須馬上換間大醫院並安排時間住院開刀。這讓白天已經夠忙碌的母親，還得在下班之後趕來醫院照顧我、陪伴我……

當母親的手扶著我的背，協助我坐起來吃晚餐的時候，心裡湧起一陣好大的驚呼，這個驚呼來自於已經好久好久未曾與母親有過肢體上的接觸，那幾秒的停留片刻就像是電流般地劃過我的皮膚。那更是一份炙熱的愛流進了我的心底，從此感化

我的生命。我的內心其實感到十分慌張，因為我已記不起來上次摸到母親的手，是在什麼時候了？怎麼這樣不經意的觸摸，在那幾秒之內卻感受到這麼大的疏離。我回想著小時候那位跟在母親身旁，去菜市場買菜的乖巧小女孩現在去了哪裡？我開始認真的反省，母親常因為我晚歸回家而大聲發飆，因為擔心而難以入眠，那個憤怒的背後，究竟是想不顧一切的責罵我，還是希望我能明白一位身為母親的愛——她對女兒的呵顧與關懷？

我很後悔當年只顧著想證明自己做的那些事並非就是壞女孩。在荒唐的日子裡只想顛覆母親的思想，說著母親的「認為」，早已不符合這個時代。所有的爭執就只是為了想爭那一口氣，爭著我是對的，母親是錯的。尤其從小就常聽母親說，我在母親肚子裡懷孕時，是家庭經濟最困難的時候，母親一人在家經營著自助餐，在廚房裡忙進忙出，招呼著客人裡裡外外，從白天忙到夜晚，那時的父親沒有給過母親任何金錢上或體力

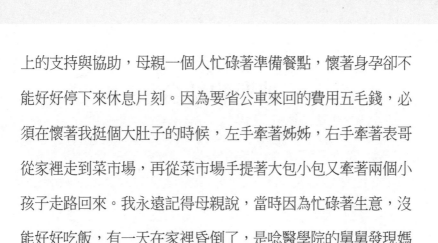

上的支持與協助，母親一個人忙碌著準備餐點，懷著身孕卻不能好好停下來休息片刻。因為要省公車來回的費用五毛錢，必須在懷著我挺個大肚子的時候，左手牽著姊姊，右手牽著表哥從家裡走到菜市場，再從菜市場手提著大包小包又牽著兩個小孩子走路回來。我永遠記得母親說，當時因為忙碌著生意，沒能好好吃飯，有一天在家裡昏倒了，是唸醫學院的舅舅發現媽媽倒在地上並扶她起來，將母親臉色發白舌頭呈現紫色的情況告訴了外婆，外婆才知道原來母親在結婚後過得並不愉快。

從小家庭經濟是由母親一個人辛苦掙得，所以母親對於金錢的一分一毫都很在乎著、珍惜著，如今我回想起來自己曾多麼地不孝順，曾在心中暗自地批判著母親不敢花錢、斤斤計較、喜歡買便宜的物品回來。笑談著母親不懂得愛自己，對自己好一點，更在心裡說長大後絕不要像媽媽一樣，這麼地不重視自己，總是把自己的需求擺放在最後……現在的我回想起來就覺得好慚愧、好慚愧、好慚愧！

第五節
神聖的結合

　　在某個星期三的夜晚，六點下了班後趕著去參加慶玲老師七點的心靈電影之夜，透過老師的生命領悟分享寶貴的洞見，帶出從電影裡珍貴的生命視野。那時慶玲老師在講椅上沉靜安穩地談論著關於我們的生命，都包含著父母親一些相同的行為模式。

　　我專心聆聽著老師的話語，卻在一剎那被拉回到過去的時空，想起過往在生命裡種種的不如意、委屈和傷心，在層層影像交疊後，竟浮現出母親的身影。我想起自己在感情上對另一伴一再一再的付出與包容，好似母親不斷地給予，甚至到最後

的忍氣吞聲、以及在金錢上的恐懼、捨不得花費與支出上的斤斤計較，都十分像極了母親。頓時眼眶忍不住直流的淚水，老師還在課程進行中，而我已暗自啜泣著不停，因為長久以來我都是告訴著自己，長大後絕對不要活得像母親！

我覺得自己活得好不豐盛，對於金錢的課題總是感到很緊縮且擔憂，總是把別人的需求擺在前面，把自己想要得到的渴望放在後面。買東西送給朋友都覺得非常值得，而送給自己禮物總是需要再三思量，甚至覺得沒有必要。先前覺得母親假日都不出門走走，寧可全天候待在家，總是擔心會有額外的花費而暗自批評。我想起自己也跟母親一樣，到了假日面對朋友的邀約，拒絕的背後就是因為對於金錢的恐懼。我紅了眼眶，心裡是徹底得清楚，這一路走來，越是不想和母親一樣，我所展現出來的行為模式和內在感受就是完完全全的和母親同一個樣，甚至連外表都像極了母親！

依稀記得電影之夜結束的夜晚，台北下了一場綿綿細雨，

而我完全不想撐起雨傘或躲避雨滴，只想好好地感受這份失落的心情。當時我在亞都飯店駐外百貨的餐廳工作著，因為想完全地改變自己，所以白天很努力地上班，每到夜晚可以參加心靈成長的活動聚會時，都會很珍惜很準時地到場參加，讓自己有成長的機會，回到宿舍後和六個女生一起共住在一個公寓裡，當室友們與家人通著電話聊天時，我卻什麼話也不想說地縮進了棉被想起了父親。過去曾經堅定的告訴自己，在畢業後未來的日子裡，我會是一名成功的人士，時常拿優渥的獎金回去給母親當家庭費用，我會辛勤工作地受人賞識並加以重用。但是已經屆滿三十歲的我，還只是一名餐飲服務員，我感受到的是一種連自己也無法給予自己肯定、讚美的洩氣。此外心疼著父親對於他的人生，無法朝向他所想望的地方努力邁進，那種失去前進動力無法朝氣的活著，也似乎是感傷對自己的失落與無能為力。當心靈成長學習在一次次穿越父母的課題下，我感知到在關係裡不論是爸媽、兄弟姊妹、朋友或是伴侶，我們每一

個人都無權批評他人，也無需自我批判自己。批判只會讓一個
人的能量越來越耗弱，越來越消失殆盡，我相信每個人有各自
成長蛻變的進程，生命皆有其各自的精彩卓越。在與父母的關
係連結上，我漸漸地學習著把眼睛所注視的焦點從「看似缺陷
的、不美好的」撇頭九十度地轉身過去，去看見父母親好的、
良善的部分，並且更深入細看所謂被認定「不美好的」想法或
觀念其實一點都沒有任何問題，因為每個人都有獨一無二的特
質，都是來自過去經驗而演變有各自的習慣與見解。當我看到
原來我的手作藝術、美感培養、喜愛下廚以及良善特質都是來
自於我的母親，而個性中的悠閒自得，不愛計較，喜愛品酒，
注重朋友的特質是來自我的父親，不禁心中一陣臣服與讚嘆，
體會到所謂生命獨一無二的美好，正是來自於父親與母親神聖
的結合。

　　而此時此刻，我還是最想向母親說聲：「您辛苦了！真的
很對不起，請原諒我過去的叛逆與不懂事。我期許著將來更有

金錢能力，讓母親您能好好地享受退休生活，更渴望有一天能讓母親不再如此操煩勞累，透過我對社會的貢獻付出而能讓母親感到驕傲光榮。」隔天睡了一覺醒來，我再次欣賞著金黃色的陽光，灑進了佈滿花草盆栽的陽台，在這份金黃色的溫暖中，給予自己瑜伽伸展的時光。在心寧安定的站姿裡，透過很深的三個深呼吸讓意識與身體連結，想像雙腿像是樹根般地往地下扎根，吸取著地底下無窮盡的滋養與能量。感受著不論是豔陽天還是陰雨天，甚至是暴風雨的來襲，只要樹根扎地於土壤裡，就能安然地度過驚險而茁壯長大、無需害怕。當我認出父母的愛，真實感受到家庭給予的力量與支持時，我在瑜伽體位法裡鍛鍊腿部的肌力，發現雙腿變得更加有力量，膝蓋關節也更加富有彈性，在生活中不論行走之間或是在工作展現裡，都能輕盈自在地有自信、有活力。

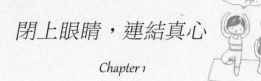

閉上眼睛，連結真心

Chapter 1

問候自己・一同練習

一、透過瑜伽連結你的身——體位法練習：山式：

1. 雙腳張開站立與髖關節同寬，兩腳大拇指呈同一直線，腳刀與瑜伽墊平行，兩腳大拇趾會有微微內八的感覺。

2. 先將十隻腳拇趾勾起來，讓足下三個腳球穩穩貼住地面，再一一讓腳拇趾放鬆下來，輕放地面。

3. 將注意力來到大腿內側，彷彿兩腿中間輕夾著一本書地保持有力量的感覺。

4. 透過尾骨內捲、腹部內收，並將這股力量帶往至心胸，由胸口帶往頭頂上方，延長脊椎。再將肩胛往後往下延展，讓心輪整個開闊舒展，想像此刻自己化為一座大山，寧靜地站在大地上屹立不搖穩如泰山。

二、透過瑜伽連結你的心：

透過山式雙腳站立於地面，想像雙腿有如樹根般地往下扎

根，深掘土壤並吸收大自然光合作用下的各種滋養，連結大地之母感受地球的無限資源是多麼地龐大和豐盛。家庭是我們第一個核心關係，然後才開始向外發展出朋友關係／工作關係／金錢關係／伴侶關係等。而行走坐臥始於雙腳的走動，在家庭裡能得到支持肯定的力量，走起路來雙腿將更加強而有勁，在事業上也更加倍順心。

三、透過瑜伽連結你的靈：

將雙手手心朝上平放在盤腿的膝蓋上方，從腹部內收中將腰椎往上延伸、脊椎往上延伸、頸椎往上延伸，然後輕閉雙眼，給自己緩慢的七個深呼吸。

將注意力放在海底輪（會陰處、脊柱底部），想像一道紅色之光在海底輪照耀著，連結你的雙腳，連結你的父母，由衷地感謝家庭所給予的支持和力量，透過冥想練習協助你記起來「我擁有」俱足的一切。

心靈瑜伽領悟：

從瑜伽中連結真心——不論坐姿或站姿，讓雙手合十於胸前，將意識連結至心輪，告訴自己要進入瑜伽的旅程，將與身體的連結就要開始了。如同做任何一件事，在你朝向真心渴望行動之前，務必先與你的心連結，在沉靜中讓心感受到你的真心誠意、你的專注、以及滿心付出，心會帶著你讓靈感湧現、卯足全力的順利向前。

一、山式

英氣挺拔，像座雄偉大山。

Chapter 2

放下評判、看見自己！

How are you doing lately?

是不是一定要真的很痛，才能讓一個人下定決心？
追求期望中的完美，卻飽受了更多的自我糾結。

然而唯有讓自己回到內在有愛的平衡裡，
才能消融不平衡的分裂感，願意去感謝生命中每一段的經歷。

正視問題與面對困難，永遠是最重要的關鍵，
而非逃避閃躲或切斷關係地轉身離開。

第一節
自我懷疑

　　在一週七天裡，我最期待的竟然不是週末六日，而是每週二夜晚，我在純粹空間帶領七點到九點兩個小時的〈喜悅瑜伽〉時光。這課程唯一最大要求是──請同學們在瑜伽伸展的過程中，專注當下並盡情享受與自己在一起的時刻。

　　如果你和我一樣，極為欣賞並喜愛著任何在舞台上演出的舞者；那麼瑜伽墊，就是你的專屬舞台！讓每一個肢體在伸展裡，去投入最大的情感。你的指尖、手臂、頸肩、後背、髖關節、大腿、小腿、腳趾頭等、每個部位都是你情感的延伸。

　　去體會每當閉上雙眼，耳朵就會因此被打開、觸覺就會因

此更敏銳、心輪就能感受更強烈；為了確保姿勢正確，不會造成身體傷害，我會走去學員身旁給予姿勢上的調整協助。除此之外在兩個小時的瑜伽裡，學員們只要與自己在一起就可以，不需要去追求體位法要如何做到完美，更不需要與他人比較，或是評判自己的瑜伽程度。在每個動作裡能柔軟或伸展到自己肢體心靈的極致化，就是當下非常珍貴的進步。

沉靜地和自己在一起，是瑜伽主要精神——連結與自己的關係。而印度合一大學最主要的生命教導之一，正是生命即是一切關係。

生命裡最大的智慧是探究著一份關係如何提升至更好的品質，如何達成內心的渴望。人的一生探討著自己與自己的關係，感受自己與他人的關係，心繫與愛人的關係，掛念與父母的關係，檢討與工作事業的關係，檢視與金錢上的關係……。

而生命一路走來，最顛簸坎坷、令我挫折不斷的就屬感情關係了。在每個人的內心深處，對於「初戀」都有一份緬想的

空間，不論是甜蜜幸福、還是失戀心碎，透過歲月的時間修補總讓人每次回味起來，還是能這麼地悸動，這麼地想念。

想起那年 17 歲的我，身高才 153 公分，愛上別校大我一屆的 183 男孩，親自驗證了「身高不是距離」的傳聞。在補習班裡因為眼神的交會，他發現我的眼睛在注視著他，卻透露出小鹿亂撞的心情。在他騎車上學的路途中發現我在等待公車的來臨，而直接停下車地說要載我去學校。

他是學校儀隊的代表，身材十分姣好，臉蛋更是俊俏。在我心目中，他真的是一位天之驕子，出生在富裕家庭十分聰穎又非常幽默，模仿麥可傑克森的舞蹈更是令人又驚又跳。他的頭頂上方好像有一座永不熄滅的電燈泡，走到哪裡都是光芒四射地，是一個人見人愛的開心果。與他陷入了熱戀後，走進他的家庭一起吃飯一起出遊，十分甜蜜，也十分享受彼此給予對方的幸福感受。

因為第一次戀愛覺得這樣的相處品質實在是太過於美好，

造就出往後人生開始如此訂製，認為愛情應該就要像這樣甜蜜才叫做「有品質」，而把初戀的過程當模範在效仿著、複製著。

在感情裡追求期望中的完美，卻飽受了更多的自我糾結。

縱然甜蜜的初戀走到最後變成他背著我和一位說要好好照顧我的學姊在交往，這段被定義為背叛的傷感，讓我走了八年後才開始釋懷。

走入心靈成長後在誠實的面對自我下，卻發現我再也不能這麼說了，因為在未分手之前，我的心早就也飛向另外一位學長了，我何嘗不是早已心靈出軌的背叛！

在初戀三年的時光裡，我與他沒有吵過任何一次架，但是兩人研讀不同學校，一南一北的距離拉長了彼此的生活步調，倆人的思維便更加地不同。原本就自信心不足的我，開始擔憂起外在的打扮是否比不上他在台北的朋友，我開始在意自己是否夠聰明、夠亮眼，猜測著他帶我出去找朋友，會不會覺得我不夠有看頭？

我不僅對自己沒有自信，內在更是宣告了對他失去信任，在倆人感情中僅是多添加了懷疑與不信任感而已。

而你所相信了什麼，就會創造出什麼！

當時未滿十九歲的我，創造了一個發生。一個週五的夜晚我在他的房間裡談天閒聊著，我既喜愛又崇拜的他對我認真地問起：「妳明天有沒有空？」我心裡可是一整個興奮，心想他要帶我出去哪裡玩嗎？所以很快地回答著：「有空啊！」而他僅用玩笑的口氣回了一句：「有空記得要多看書！」

為了顧及自尊我勉強地擠出笑容，僅用一聲「喔！」來帶過，雖然就這樣短短的兩句話，卻可以讓我在十五年後的今天依舊牢牢地清晰記住。我對自己的沒有自信、不夠好的感覺，創造了心愛的他給我重擊的一拳，加深強調並印證：「對！就是我不夠好，你才會愛上學姊！」，然後在心裡刻劃上「失敗+1」的情結。

現在回想起來，那時的他也許以為這只是一種黑色幽默，

放下評判、看見自己

Chapter 2

想要提醒我大量閱讀書籍的好處，可是我卻對應了在自我關係中最深的黑洞——對自我的懷疑和沒有自信，也就增添了感情裡不信任的裂縫，最終以分手為結局。

第二節
願望從不説出口，神燈怎麼會知道？

在冬季轉換春季之時，沁涼舒適的天氣，我獨自一個人托著行李箱在清晨六點鐘搭著普悠瑪列車，來到台東一個神祕的村落。

16 天，超過 200 個小時，完全地讓自己沉浸在瑜伽生活的世界裡，連結自己、深入自己，接受完整的瑜伽師資培訓。在一份對生命的熱情與願力下，希望藉由瑜伽的練習讓人們擁有更加平衡的身心，並且回歸內在和諧力量去重新發現自己，朝向真心的渴望去發揮生命最大的可能性。

而我更極為幸運地，讓有著以瑜伽實修生活的兩位老師

—— Sucharita 和 Michael 老師來帶領著我們，一起深入瑜伽學習。每天的午後時光是全體一起練習體位法的時間，由 Sucharita 老師在前面示範如何帶領一位學員做正確的瑜伽體位。

有趣的是，在課程開始之前，兩位老師會鼓勵著我們舉手當志願者站在教室中間，跟著 Michael 老師的口令與分解動作仔細地來到正確體位法上。有幾個瑜伽體位法如山式，雖然看起來很簡單雙腳直立地站在地面上，看似簡單的站姿卻是瑜伽體位中最基礎最重要的姿勢，瑜伽山式體位法所包涵的學問可是不容忽視的。

有的體位法如倒立式，一看就覺得很挑戰，由手肘與頭頂為三角點支撐，透過腹部的核心力量，將身體與雙腳緩緩地帶往空中來。而我常常在許多時刻裡，猶豫著到底要不要上前當志願者呢？明明知道上前當志願者的人，往往學習的收穫會比在下面聽得多更多，但還是會故意忍住上前當自願者的舉動，

把機會讓給其他同學。

有時是自己覺得應該要讓出機會給別人有更深的學習，不要從頭到尾都是自己搶走機會。然而有更多沒有舉手的時刻裡，是自己在抗拒著不敢要、不需要、表明著我沒有想更進一步明白這個動作需求。細細覺察這時候的心是沒有敞開的，整個能量流通是層層疊疊的，雖然沒有設一道城牆阻隔老師的關愛，但也好像設了左彎右拐的迷宮，不僅讓人無法摸清楚你的想法，有時自己也扭曲了自己的本意，走著走著還忘記入口與出口究竟在哪裡。

當 Sucharita 老師在前面教完同學倒立式之後，問了還有哪幾位想試試這個動作？看著有些會倒立式的同學就紛紛自己倒立了起來，在老師分別再次協助兩三個同學倒立起來之後，我睜著瞳孔放大眼睛閃爍著我也好想練習看看的神情，直到老師以為沒有人要練習的時候，我舉起右手並且說著：「這個動作我從來沒有做過，我也想要體驗看看！」

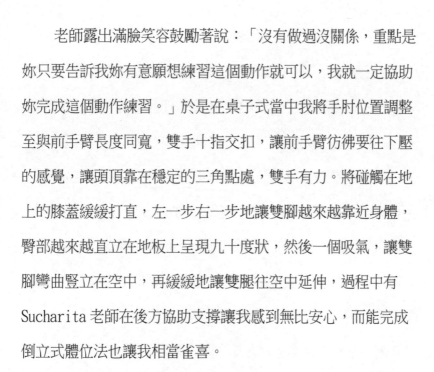

老師露出滿臉笑容鼓勵著說：「沒有做過沒關係，重點是妳只要告訴我妳有意願想練習這個動作就可以，我就一定協助妳完成這個動作練習。」於是在桌子式當中我將手肘位置調整至與前手臂長度同寬，雙手十指交扣，讓前手臂彷彿要往下壓的感覺，讓頭頂靠在穩定的三角點處，雙手有力。將碰觸在地上的膝蓋緩緩打直，左一步右一步地讓雙腳越來越靠近身體，臀部越來越直立在地板上呈現九十度狀，然後一個吸氣，讓雙腳彎曲豎立在空中，再緩緩地讓雙腿往空中延伸，過程中有Sucharita 老師在後方協助支撐讓我感到無比安心，而能完成倒立式體位法也讓我相當雀喜。

如果，我始終說著我不需要這項練習，那最後終究無法體會倒立式的涵義。

現在回想起來，人生其實有很多幸福流失，大多都是被自己回絕阻擋掉的。試想，如果一個人的願望從不說出口，神燈阿拉丁怎麼會知道？

　　然而阻擋幸福第三名的表現是，當人家問起此刻心情好不好？就直接向對方說，我沒事，我很好。阻擋幸福第二名的表現是，臉部保持微笑，表示內心裡沒有任何疑惑。阻擋幸福第一名的表現是，明明內在有渴望卻從來不去正視它，不願成全它，往往阻擋了實踐夢想的渴望、豐盛金錢的顯化、阻擋了生活更多美好的無限機會。而我時常把內在想法放在心中，掛念心事不說出口，卻又在內心升起種種不被愛的感受。在兩性關係中，心裡頭的不確定感時常猜疑著對方到底有沒有愛我，還是在關係中從頭到尾都是我在抗拒對方的愛？

　　因為事實的真相是對方都會關心問起，你好嗎？或是最近過得如何？而我也只會說，我很好，沒有什麼特別的事。即使遇到不開心的事情，我頂多說出事情發生的經過，卻輕描淡寫地不願說出事情帶來的感受。然而「感受」遠比事情的發生與經過，之於一個人的影響還要更加重要。我反省著究竟是我故意不說，還是我並未覺察內在被掀起的波濤洶湧。還好有慶玲

老師的教導，教會了我面對不舒服的感受時要去直視它，不要逃。勇敢去正視每一個不舒服的感受裡，是不是有一個很深的渴求，沒有被滿足到？而我願不願意讓對方知道我的需求？

我想起了過去的一段深刻交往，他是我在好幾段起起伏伏的感情中，第一位告訴爸爸媽媽有在交往的對象。我欣賞他的穩重，會寫一手好書法，為人知書達禮也重視倫理，重視父母與家庭關係，富有責任感的他也對我十分疼愛有加。近三年的相處之下，卻驚覺地發現到我最後受不了的，也是他穩重的外表之下像個小男生的輕浮（顯然那時候我不知道男人的心裡，住著小男孩的靈魂是非常可貴的一件事），他有責任感但在我眼裡卻無法為自己的人生負責，怎麼當初我最欣賞的，到最後卻變成我最無法接受的？

他是那種典型在交往時就會直稱愛人為「老婆」的大男孩，我相信他是打從心底希望有一天能把我娶回家。因為不想再隱瞞著父母親或編一堆為了要外出過夜的荒謬理由，所以我告訴

了爸媽現在和一位男生正在交往。原本以為保守的爸媽會反對子女談戀愛這檔事，更不會同意男女生在外頭過夜，沒想到爸媽竟同意我與他的交往，更祝福我們跨年去外地玩得一切開心。

不過兩年多過去了，我卻始終沒有把男友帶回家與父母親坐下來品過一杯茶與吃過一頓飯，因為內心深深賭氣著——在他沒有把我帶回家之前，我也不急著把他帶回家！雖然我知道他確實有跟他的父母提起現在有和一位女生在交往，但感覺上僅是介紹一個關係而已。事實上，他的母親並不希望他現在交女朋友，希望他能把重心放在高普考，錄取更高的公職單位。他說母親曾經因為不喜歡他所交往的女朋友在他房間夜宿過夜，甚至當面與前女友有過衝突對罵，這痛苦的經驗讓他失去喜愛的女孩，他很害怕同一個事件再次的發生，難過的對我說請再給他一段時間，去處理無法面對母親這塊感到不舒服的過程。

父母期盼兒女能遇見對的人，在彼此交往後不論在感情上

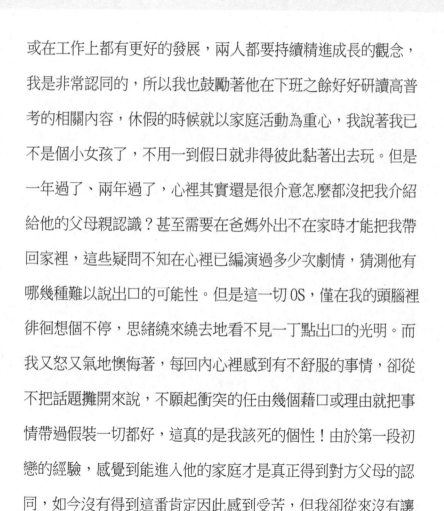

或在工作上都有更好的發展，兩人都要持續精進成長的觀念，我是非常認同的，所以我也鼓勵著他在下班之餘好好研讀高普考的相關內容，休假的時候就以家庭活動為重心，我說著我已不是個小女孩了，不用一到假日就非得彼此黏著出去玩。但是一年過了、兩年過了，心裡其實還是很介意怎麼都沒把我介紹給他的父母親認識？甚至需要在爸媽外出不在家時才能把我帶回家裡，這些疑問不知在心裡已編演過多少次劇情，猜測他有哪幾種難以說出口的可能性。但是這一切 OS，僅在我的頭腦裡徘徊想個不停，思緒繞來繞去地看不見一丁點出口的光明。而我又怒又氣地懊悔著，每回內心裡感到有不舒服的事情，卻從不把話題攤開來說，不願起衝突的任由幾個藉口或理由就把事情帶過假裝一切都好，這真的是我該死的個性！由於第一段初戀的經驗，感覺到能進入他的家庭才是真正得到對方父母的認同，如今沒有得到這番肯定因此感到受苦，但我卻從來沒有讓他知道我真的很在乎這件事情，所以他也只能回答著一樣的話

語：「母親希望他把重心放在高普考的考試上，能在公家機關的階層裡競升到更高的職位，母親不希望他交女朋友……請求著再給他一段時間……」

很感謝當時的男友在每回過年時，總是不忘送一份禮物給我的父母親，我知道他對我的心意絕對是真誠不是遊戲。當母親問起我是否見過他的家人，為了讓母親對他有好印象，我撒謊著說「有」見過他的父母親與兩個妹妹，有一起聊天吃飯著的經驗。而我也透過贈送年節禮品讓他爸媽知道我的心意，但是始終從未聽他說起有關任何他的家人對於我的好奇。於是內心戲又再開始輪番上演了──是不是因為他是警察公職人員而我是從事美容業的 SPA 芳療師，即使我有顆同理、體貼的心一樣服務著人群，並且願意在自身心靈層面上下功夫，也有一番好業績，卻依舊匹配不上呢？無法得到被認同的肯定感，心裡有一份難以形容的失落。每次出外約會見面變成只接受他的付出，而我開始把心門關起來不再敞開的與他互動，並且在心裡

深深地責怪到底是他的母親對我無法認同，還是他本身對我無法肯定？

於是我的心漸漸地外移到另一個男人，在最後一次約會中，才把這些內心話告訴他並表明著分手，沒留下任何機會的挽留，我深深地知道在這段關係中得不到肯定的感受，挫敗的傷痛裡仍舊是我覺得自己條件不夠好。不論幾年過去了，不被認同的失落感就像暗夜巷子裡的黑狗，依舊不時亂跑出來狂吠著，而這一次我先做個背叛感情的人，夜深人靜時回想到這段關係，心裡還是會感到難過。

這段關係除了難過在他從未把我介紹給父母親之外，其實還有一個很深的渴求，就是能得到對方真正的認同。不要再對我說：「頭髮剪短了我們就分手、女孩子穿寬鬆的衣服無法秀出身材，一點都不好看！女孩子坐要有坐相、站要有站相……」，當我主動提出分手時才明白原來都是因為有一個很深的渴求沒有被滿足到，情緒累積到滿溢轉為向外找出口。這

段情感一路走來，是我始終不願意讓對方知道內在的不舒服，

對方又如何能夠知道？

　　我覺得，我該深深地向他道歉，終究是自己的倔強、忍耐、

壓抑、不真實以及從未將我的需求說出口，才導致感情走到盡

頭倆人從此分道揚鑣。

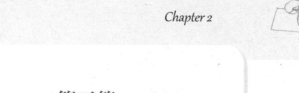

第三節
痛徹了，才願意「醒」

　　星期五的早晨，我在自己承租的小套房裡，享受著兩小時的瑜伽時光。在關掉播放大自然能量音樂的音響按鈕時，不小心按到旁邊的廣播鍵，恰巧地傳來一首非常熟悉的旋律——歌手王力宏與盧巧音的〈好心分手〉，那是就讀大專學院的學長送給我的第一首歌，勾起十年前大學時代的回憶……

　　在與初戀男友一南一北交往的過程中，柔情似水的直系學長不僅協助在課業上指出考試重點，分享著新進學校生活的點點滴滴，同時更給予我許多需要時的陪伴和關懷。學長的出現，原本從淡淡地欣賞轉變成像精神食糧般地重要，不知從什麼時

候開始的，竟讓我陷入兩難之間的糾結情感。初戀與學長，他們兩位對我的重要性，彷彿如同陽光無法與大雨一同並存，而我像一棵被溫柔照顧的種子，接受著他們的愛與陪伴，卻捨不得在兩位之間做出選擇，更不願意做一位先提分手的壞人。懦弱的我把問題丟給大雨先生，而他以〈好心分手〉這首歌來表達滿心的無奈，語帶哀傷的跟種子說，太陽的照亮是成長必要的條件，大雨走後還是會有澆水先生出現在妳生命的，於是他走了，選擇離開種子的世界。

一轉眼的十年後，每當我聽到這首歌，我依舊會有忿忿不平的感受，跟好友吵嘴說著分手就分手，為什麼還要說是「好心分手？」，因為現在的我認為，如果兩個人是相愛的，為何不要選擇一同面對勇敢穿越，讓彼此真的能夠可以在一起。用自己的角度來決定這麼做是為對方好，而選擇黯然離開，在我耳裡聽起來可真是一翻鬼話，不想理解也不願理睬。

但，感情的世界裡，哪裡能夠如此絕對！當初是誰不敢下

放下評判、看見自己

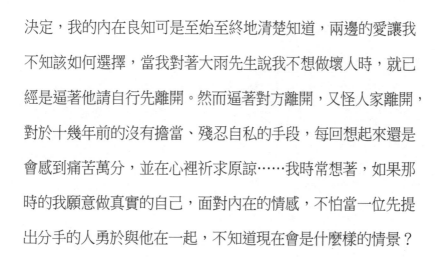

Chapter 2

決定，我的內在良知可是至始至終地清楚知道，兩邊的愛讓我不知該如何選擇，當我對著大雨先生說我不想做壞人時，就已經是逼著他請自行先離開。然而逼著對方離開，又怪人家離開，對於十幾年前的沒有擔當、殘忍自私的手段，每回想起來還是會感到痛苦萬分，並在心裡祈求原諒……我時常想著，如果那時的我願意做真實的自己，面對內在的情感，不怕當一位先提出分手的人勇於與他在一起，不知道現在會是什麼樣的情景？

2010 年學長送給我的第二首歌 ──王力宏〈你不知道的事〉。當時他在結婚、離婚、結婚又離婚的狀態裡，養育著兩個寶貝小孩。那一次溪頭小木屋之旅，是我與他在久別了十多年之後的第一次旅行，我們在捨不得入睡的夜裡，播放著音樂一起聆聽。這次相約出遊，倆人應該是感到特別開心，但沒想到學長的前妻在出遊前一天對他說，她想回到他的身邊請他再給她一次機會，不要與我出來同遊。原來這趟旅行讓學長的內心很糾結，未能盡興與開心，學長是個好男人也想給他的女人

幸福，讓小孩擁有完整家庭，所以在這次出遊後，他做了一個決定——對不起，我們還是無法在一起。

這個迎面而來的幸福如同泡沫般地瞬間消失殆盡，被宣判感情到此的我一個人去外面旅店開了一間房間，帶了一瓶紅酒以及曾和他所有往返的信件，在喝完酒後我關掉所有燈光，狠狠的大哭大叫一場，淚水中夾帶著無盡的抱怨與不甘心啊！

後來我搬離了高雄，一心想要蛻變自己並期待擁有全新的生活體驗，興奮地來到台北這個大城市。我感謝著在飯店工作可以住在公司提供的宿舍裡，下班後的夜晚與休假之餘可以去參加王慶玲老師當時「十方究竟心靈空間」的電影之夜或其他課程成長學習。我心裡清楚知道搬上來台北，某一部份裡還是夾雜著期望有一天還能與學長有更近一步的距離，期望著哪天還能有他一絲絲的關心與問候的提起。

搬上來台北後，確實在夜晚裡能有相約出來公園散步的機會，而我也才漸漸明白，在每次散步的聊天過程中，雖然十句

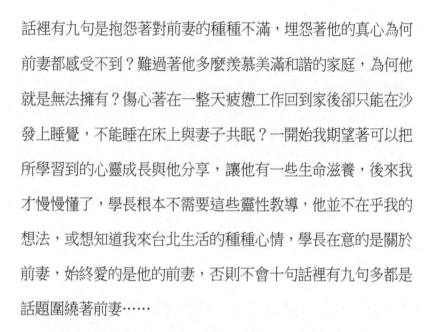

放下評判、看見自己

Chapter 2

話裡有九句是抱怨著對前妻的種種不滿，埋怨著他的真心為何前妻都感受不到？難過著他多麼羨慕美滿和諧的家庭，為何他就是無法擁有？傷心著在一整天疲憊工作回到家後卻只能在沙發上睡覺，不能睡在床上與妻子共眠？一開始我期望著可以把所學習到的心靈成長與他分享，讓他有一些生命滋養，後來我才慢慢懂了，學長根本不需要這些靈性教導，他並不在乎我的想法，或想知道我來台北生活的種種心情，學長在意的是關於前妻，始終愛的是他的前妻，否則不會十句話裡有九句多都是話題圍繞著前妻……

當時學長的前妻甚至悄悄地約我出來，說著女人何苦為難女人，她實在看不下去我對他是這樣地喜歡這麼地沉迷，直接對我說：「他說是妳單方面如此喜愛他的，他說他從來沒有愛過妳。」但這叫我如何能相信，因為我所認識的學長不是這位前妻口中所描述的這樣如此不真心，如此無心意，他曾帶我去他外租的套房裡，分享著關於他所佈置的陽台，像咖啡館的房

間，分享在股市裡投資的心得，分享著他所有的一切。在我簡單又近愚蠢的頭腦裡，看不懂他們兩位究竟在玩什麼把戲，我只能讓這份疑問放在心裡，重新告訴自己——把所有心思放在工作上，別再去管這些事情！

後來學長陸續地與我相約出來見面，卻又一次次在說好的約會後，又臨時取消。每一次都將感情的寄託希望燃起，又再一次地讓期待跌至谷底。聽著他說有多麼地想念我、想見我，而又在後一個小時裡，說著為了我的幸福，還是把他忘了吧！他只能期望他的家庭能減少爭吵，能給予小孩有一對父母的正常關係，後半輩子的人生這樣就好，對於什麼是幸福，他已沒有任何渴求，還是請我把他忘了吧！

夜晚收到的簡訊，失落的心像船錨一樣沉沉地落入海底，說不出任何話語，也不允許讓室友看出有任何異狀的情緒。直到夜深了，等著大家都睡著了有打呼聲時，才悄悄地走到大客廳準備好一包面紙，好好地宣洩壓抑到頂點的情緒。我用力的

放下評判、看見自己

哭泣嘶吼卻得摀住聲音，如同用盡心力投入這段感情，卻只能啞著，沒能要求任何回應。徹底的讓自己哭到底，才願意醒過來告訴自己，他沒有真正愛過我，這是千真萬確的事情。愛一個人是不會願意讓對方傷心流淚的，他只愛前妻，這才是真真切切的。

是不是一定要真的很痛，才能讓一個人下定決心？我突然發現自己的眼淚哭得很沒有價值，這樣的心情糾結以及所付出的情感也相當的不再值得。我下定決心不要再花任何心思與愛戀在他的身上，我讓自己一個人在冬天夜裡的陽台放肆的哭泣，完整地經驗從高處墜落，徹底的失落與心碎的心情。

我以為淚水的停止已把學長這件事拋在腦後，但內在裡依舊感到有個很深的空洞。直到我連結著 youtobe 點選慶玲老師為第三本書〈相信愛情，相信自己〉製作的新書發表影片裡，裡頭說著一句話：「每一刻，愛都是真的！也許下一刻愛會變了，但那一刻它就是真的，而如果你發現它都是真的地時候，

你會發現你沒有失去，就是滿滿的體驗，然後你得到了非常多的是在你生命的滋養裡。」透過老師溫柔的話語，我再次閉上眼睛深入自己，在內在裡我能真實感受到和學長相愛的過程中，每一刻確實都是真的，也許最後結局是變了，但相愛的那一刻是真的！而這一切情感的發生，不就是為了增添在生命中的體驗與體會，我才發現在相愛的過程中沒有所謂的失去，也沒有所謂的白費，內心所感受到的缺口，立刻被愛包圍而消融，讓我在失衡的空洞裡，再次回到愛的源頭。

我想在愛裡受苦的人們，往往是在關係裡失去了平衡，在付出與獲得之間沒有感受到應有的相對，進而比較、猜忌、期待、傷悲等等，認為自己給予的一切都付出流水。然而事實的真相，只是因為劇情沒有照著期望中的腳本演出，未達到期望中的完美境界，而將所有的痛苦歸咎在對方身上，或是怪罪上天對這一切的種種不公平。然而唯有讓自己回到內在有愛的平衡裡，才能消融不平衡的分裂感，願意去感謝生命中每一段的

放下評判、看見自己

經歷。感謝生命讓我能如此體驗三角複雜關係中的苦辣酸甜，感謝在這段過程中至少沒有與當時的學長及他的前妻有任何爭吵與怨懟、沒有憤怒、也沒有誰需要誰的原諒與告解，感謝內在的神性一直引領著我走在光明的道路裡，並且願意相信我值得擁有更好的戀情，擁有一顆願意對我付出的真心。

第四節
從「心」許願

　　走在心靈成長的道路上，學習到最重要的事就是「學習愛、認識愛、認出愛」，信任生命的帶領盡情地去體驗生命與享受生命。

　　雖然在感情路上走得跌跌撞撞屢屢挫敗，但並沒有澆熄我對愛情的追求與渴望。害怕懼高的我在愛情裡，就像是一位在溪谷邊玩著高空彈跳的勇者，一再一再地準備好自己，然後就三、二、一地躍身一跳墜入愛情的河谷裡。而這一次的相愛時光很短暫，卻也帶給我非常深刻的感受，同時幫助我認識更深、那未曾明白過的自己。

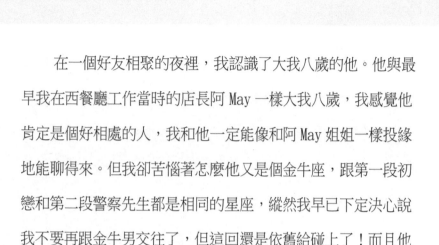

放下評判、看見自己

Chapter 2

在一個好友相聚的夜裡，我認識了大我八歲的他。他與最早我在西餐廳工作當時的店長阿 May 一樣大我八歲，我感覺他肯定是個好相處的人，我和他一定能像和阿 May 姐姐一樣投緣地能聊得來。但我卻苦惱著怎麼他又是個金牛座，跟第一段初戀和第二段警察先生都是相同的星座，縱然我早已下定決心說我不要再跟金牛男交往了，但這回還是依舊給碰上了！而且他是個在靈性成長中願意自我反省與下功夫的人，很快的，我對他又有了極度的好感。

縱使他義氣背書地幫助好友因而揹負好幾百萬，離了婚又有兩個小孩，但是我相信慶玲老師曾說過的能量法則：「一個人有負債的能力，肯定就有相對賺錢的能力。」我願意陪伴他拾回這份力量，願意再次掉進愛河裡去經驗這一場戀情，我相信只要我們是真心相愛，一定能讓父母親同意交往並給予祝福。

然而會導致戀情結束的起火點，也在於我從未讓父母親知道有他的存在。

雖然在一開始交往時，內在十分相信我會讓爸媽支持我們、祝福我們。而且我非常明白並深刻地經驗過當初警察先生不帶我回家見他父母，所感受到的種種受苦，但是半年過了，我就是說什麼也不願讓父母親知道我正在與他交往的這件事。我開始十分擔心倘若父母親知道了，會不會影響到情緒，造成夜晚失眠而影響隔天上班的精神，或者引起老人家各種不舒服的身體毛病。這讓當時另一半的他也因此感到相當受苦並好奇詢問著：「為什麼從不帶他回家拜訪我爸媽？」

很長的一段時間我努力地去釐清原因，說著他沒有給我安全感，說著我感受不到倆人會有未來，強調著我感覺到我不是他的最愛。於內於外不斷地向他要求給我安全感、給我幸福感，我才有辦法向父母親表明我在與他交往戀愛。然而時間交往越長，對他認識越深時，發現自己的內在就越加批判，同時在心裡不斷自責也十分懊悔，對於我愛的人怎麼可以如此苛責與對待。我一天一天地懷疑自己，我是真心愛他嗎？我對他的愛是

真的「愛」嗎？我陷入很深很深的苦惱與困惑，臉上總是無法展現出真正開心的笑容。

　　有一天我鼓起勇氣向慶玲老師求救詢問著：「我知道應該要向父母親說明現在有交往的男朋友，但是為什麼我就是不敢向父母說明白？」在老師的帶領之下，再次誠實地面對內在真相，原來在這段關係裡，我對「幸福」還是有一個完美的追求、有一個何謂標準的想像。我把他對我的愛拿來與周圍朋友的幸福甜蜜一同做比較，總覺得自己沒有被受重視到，總覺得他在乎朋友比在乎我還多。而我不僅把對自己的標準放在他身上，還非常期望他能做到我的要求，彼此之間的冷漠讓我覺得理想中的愛情距離我好遙遠、好遙遠，也同時發現我對「愛」的理解與認識，真的好薄弱、好薄弱……

　　我不知道在愛的關係裡，我要的到底是什麼？

　　因為批判、因為無法認同、覺得他無法達到我的要求，所以我不敢向父母親說起與我相愛的這個男人。兩個人在一起，

兩顆心卻是越來越遠，越來越冷漠，彼此帶著未穿越的生命傷口，以為互舔依偎就是一種溫暖的陪伴，殊不知未穿越的學習課題還是會影響著下一段關係，生命課題循環再循環，重演再重演……若沒有那壓垮最後一根稻草的發生——他先對我做出的背叛，我想我們的感情可能只會一拖再拖。因為他從來沒有要求我很多，總是覺得有人陪伴就已足夠，而我在關係中只求「和平相處」，不敢正視兩人之間的心事與問題，不願意在關係上有任何衝突或任何會引起不舒服的發生，息事寧人地把想法悶在心頭，不願說出內在真正的感受——而這也顯示了我在這段關係裡，我並不信任倆人之間的愛情。

想起有一回為了想要讓內在的情緒可以真實表達出來，拜託了我的好姊姊安乃文老師，為我進行一對一個案，長達約九十分鐘的花精諮詢。在透過安老師的花精魔法帶領之下，協助了我釐清心頭那塊模糊的、重重的、卻怎麼說都說不到重點

放下評判、看見自己

Chapter 2

的傷痛。當安老師幫我抓到心頭的那隻鬼，精準地「掟到」這個情緒感受時，我的心頭頓時有種好輕鬆、好豁然開朗的感受。每個人在接受花精諮詢後的變化都各有不同，而我在接下來連續兩個星期裡，每一天服用四次的花精處方，反應出的症狀是咳得像是個重感冒病患從早到晚不停地咳嗽。但是妙就妙在身體上完全沒有任何疲累的感覺，更沒有鼻塞、流鼻水、昏睡等症狀。所以我並不是真的生病感冒，而是花精的魔法振動著喉輪的開啟，協助我反應出原本該有的情緒釋放，其中也包括了──吵架。很謝謝安乃文老師的花精諮詢，讓我至少能把內在的感受如實地陳述出來，即使是用這樣的方式來交流情感。

當我再次面臨到被背叛的議題，感覺到無法再對他有所信任，我再也無法裝作沒事地在一起走下去，所以我主動提出分手，讓彼此都做回最真實自在的自己。然而重新檢視這段過程，我給自己打了不及格、超低的分數，因為我發現從一開始我竟然是用個「拯救者的心態」在和他交往，以為給對方溫暖、給

對方力量，他就能被我塑造為「期望」中的對象。不僅在相處過程中給予對方過多的壓力，也造成自己內在裡有種種不滿與批評，沒有真正滋養到對方的生命。以為給予這段關係多點包容、多些空間、彼此相處的融洽，就是一段快樂的關係，然而交往的過程中，包容變相為忍耐，在相處融洽的真相裡只是害怕發生口角與衝突。這樣的虛假，不僅無法激發出對方美好的潛能，更讓彼此的內在混亂拖累了彼此，讓各自生命的進展拖延了許多可以美好的發生，更失去走入對方內心經驗彼此而可以共同創造出的無限可能性。

而我最該真正檢討的，是我對生命沒有完全地負起責任。我記得沒有把他帶回家裡見爸媽的原因，是我覺得他沒有給我安全感與幸福感。現在回想起來，我相信這段感情的種種不愉快，雙方一定都有需要改進的地方，而我是否能在感情裡以及自我關係中，自己先給自己安全感與幸福感，而不是把球丟出去要對方來負責我需要的感受。我確定當時的我一定是沒有專

注在自己的生活渴望裡，忙忙碌碌地，對期望中的自己感到相當不滿意，而將這一切又怪罪到他頭上要求對方要負責。我們交往過程中的耗能與費力，就像慶玲老師常與我們提到的：「大多人都努力地把一件事情做到對，而非一開始就做對的事情。」

我對他有很深的感謝與抱歉，同時反省沒有好好善待自己而心疼不已，我對著內在小孩深深懺悔，並期待一個月後由慶玲老師與卓衍豪老師（大馬旅遊專家）一同帶領的〈從天賦邁向豐盛〉課程，能在馬來西亞的心靈旅遊中，從「心」發現新的自己，重新調整能量與重新認識愛的真諦。

在第三天課程結束後的夜裡，兩位老師與所有學員們一起歡慶喝酒，來自台灣、吉隆坡、沙勞越、檳城等朋友一起將酒杯高舉，滿心歡喜地慶祝自己即將走在天賦的道路上擴展生命，大家雙手張開地互相擁抱與恭喜道賀，開心的大聲吟唱所有台灣和馬來西亞耳熟能詳的歌曲。在月亮高掛的星空下，興奮歡樂的氛圍裡，我閉上眼睛許下內心深處渴望的願望——今後我

的男人會擁有安靜沉穩的特性，幽默風趣很會照顧人，喜愛大自然的樸質，對生命專注學習且有願力，樂於體驗生活，並且願意給我滿滿的愛，對我由衷地疼惜。

好感謝馬來西亞藝樂坊 Artertainment 的所有團隊，以及帶領人 Amanda 老師，主辦了這麼棒的心靈旅遊課程，我們好幸運地參加到慶玲老師在馬來西亞的〈相信愛，見面會〉。我永遠記得老師在會場裡所說的一句話：「當時年輕的我，由於不知道自己要的究竟是什麼，所以只好亂愛！」（完整內容，請見註一），而讓我開始去思考自己要的到底是什麼？當我清楚地聽到內在的聲音說著：「我要開始疼愛我自己！我要一位真正會疼愛我的另一伴，會把我放在心上，彼此能分享內在世界，對我真心誠懇的男人。」就在會場中，我開始暗自注視著第一天來到馬來西亞時，慶玲老師為我們牽線的 Adryseus。

當見面會進入尾聲也正意謂著我們要結束大馬之旅即將回到台灣，當他站在小巴士前與台灣的朋友們一一相擁互道再見

時，我害羞並猶豫著到底要不要向前和他相擁道別，就在車門即將關閉之前，終於鼓起勇氣走向了他並索取一個擁抱，我抱得很深，不想放手的感覺在心裡激盪著。前往機場的路途中感到對於大馬之旅好捨不得就此結束，內在欣喜著原來對他這麼有感覺！

但這一次我沒有急於告白，感謝手機網路的發達，通訊軟體讓我們能穿越距離限制可以輕鬆地聊天，更認識彼此。一個半月過去了他來台灣旅遊，我才鼓起勇氣告訴他關於對他的感覺，倆人互道對彼此的好感而正式牽著手開啟下一段旅程。我非常感謝能認識他，遇見他，即使相隔兩地，但是兩顆心能感覺到時時刻刻地在一起，沒有距離而倍感溫馨。

讓自己回到愛的平衡之流裡，想要擁有甜蜜的愛情品質，我想一定要先學會自己先珍愛自己。「關係」永遠是生命最重要的課題，在一段關係的相處中必須能先真實地表達自己，而非隱藏想法或是壓抑不安的情緒。不論女人或男人，在關係上

常常習慣犧牲自己或沒說出內在的真實感受，對情感的經營與建立絕對不會有所幫助、絕對無法滋養彼此。正視問題與面對困難，永遠是最重要的關鍵，而非逃避閃躲或切斷關係地轉身離開。

（註一：慶玲老師完整講座內容，請上youtobe影片，搜尋：相信愛見面會慶玲公益講座）

問候自己・一同練習

一、透過瑜伽連結你的身──體位法練習：吉祥式

1. 在坐姿中讓坐骨穩穩在地，將雙腿彎曲，兩個腳掌互相相對。讓彎曲的膝蓋自然地擺放於地上而不過份下壓。

2. 雙手來到臀後方，以一個吸氣，將臀部往前靠近腳掌一個距離（而不將腳掌過分拉向會陰處靠近）

3. 此時腳掌自然往外翻開，雙手輕握於腳盤，透過一個吸氣，讓脊椎從坐骨往上直立延伸至頸椎。在吐氣中讓上半身慢慢地往下貼向地面，直到停留在最靠近地板的高度，再次放鬆頭和頸肩；柔轉度佳的朋友可以讓額頭輕觸地面。

4. 可將手臂延伸至頭頂前方，伸展上背和下背。

二、吉祥式

寧靜的心就是吉祥如意。

二、透過瑜伽連結你的心：

鼠蹊處與會陰處是關係中隱藏情緒很深的地方，透過髖關節的開展，釋放不必要的控制與隱瞞，透過雙手往前延伸地面，學習信任是來自願意交託、臣服，可以不再控制生命而感到輕盈自在，在內在裡告訴自己我願意敞開，讓情感流動起來。

三、透過瑜伽連結你的靈：

將雙手手心朝上平放在盤腿的膝蓋上方，腹部保持內收讓脊椎回到中間並往上延伸，輕閉雙眼給自己七個緩慢地深呼吸，將注意力放在生殖輪（下腹部、生殖區附近），想像一道橙色之光在生殖輪區照耀著，連結你的情感並且願意讓自己有一份快樂幸福的關係，讓內在的愛意能在此流動，透過「我感受」的情緒之流有平衡抒發的出口。

放下評判、看見自己

心靈瑜伽領悟：

從瑜伽中看見自己——透過瑜伽伸展的體位法練習裡，可以覺察平時是如何看待與對待自己，是批判聲較多，還是讚美聲較多。當一個人覺得自己不夠好而加以批判自己，同時也會覺得周圍的人事物都不夠好，自身能量將被削弱般地越來越耗弱。當能懂得去發現自己、探索自己、並鼓勵自己時，對待別人也會更有欣賞的能力，懂得真心讚美以及不吝惜給予愛的鼓勵，這不僅在瑜伽體位法裡會越來越進步，對外在生命的發生也會越來越有彈性以及包容性。

Chapter 3

下定**決心**，實踐 夢 想 ！

How are you doing lately?

純粹——
是為了擁有單純的初衷，體驗與發現事物的本質，
將生命過往經驗淬煉為滋養身心的精華，
共同創造生命中無限機會與無限可能。

渴望的力量比恐懼力量還要巨大、強大，
是「理想」在推動著生命前進而不害怕，
是「理想」讓生命品質更富有意義而不一樣。

第一節
長大後的人生

「當你真心渴望某樣東西時，整個宇宙都會聯合起來幫助你完成。」這是牧羊少年奇幻之旅一書中，令我印象最深刻的一句話。每當我內在出現渴望卻同時又有恐懼存在時，我就會想起這句話，然後在心中大聲地對自己加油吶喊。

記得就讀國中的時候，家裡的地下室有母親教授當年紅極一時的〈每日數學〉安親班，地下室裡兩邊各有一塊很大的白板與黑板，以及三到四排排列很整齊的課桌椅。當時都是年紀比我小的弟弟妹妹來家裡補習，而我總是在旁邊寫著學校作業，乖巧的不打擾母親上課，同時也觀察著母親在教學時與學生互

動的情形，不知何時在心裡也種下一個將來我要成為一名老師
的念頭。

　　我時常趁著母親在廚房煮晚餐的時候，拎著母親的高跟鞋
悄悄地跑到地下室，穿起高跟鞋來非常寬鬆地在台上走來走去，
接著左手拿著 A4 的黃色檔案夾，右手拿著白板筆在白板上寫下
幾個英文單字，假裝台下有四五位學生而我正在教著英語。然
後又拿起一支白色粉筆在黑板上寫下中文單字，然後對著學生
們（空氣）要求練習造句，也會稱讚學生們（空氣）做得很好
為他們加油打氣。對於這段模仿老師的童年回憶，比起玩家家
酒的印象似乎更為深刻清晰……

　　「長大後我要做什麼？」是童年每一個學生都會寫到的作
文題目，也許是年紀太小我不知道還有哪些其他職業，又或許
是因為母親當老師的角色讓我覺得很美好，所以我曾經夢想過
要成為一名老師，而且身為老師可以得到學生的尊敬與教學互
動時的歡笑，老師的身份有著優良的形象，更代表了品行端正、

博學多聞,既符合社會價值觀更讓眾多長輩們稱讚認同。但是長大懂事後,我發現在這個「老師」的期望裡,只是在追求一份形象上的身份地位,對於教育我不僅沒有理想,更不明白「給予才是真正的力量」,於是這個期望也只是在腦海裡隨意想想,出了社會後就忘記曾經有過這個夢想,我只知道將來一定要做些什麼,一定要讓父母親能夠對我感到驕傲和光榮。

後來考取國立高雄餐旅學院研讀餐飲管理科,在白天上課後,晚上去歐式派店西餐廳打工時,派店的老闆與店長總是讓餐廳充滿著幸福洋溢的氛圍。這對夫妻無論從食材上的用心,不計較烹調上的繁瑣,透過精挑細選的杯盤,呈現美味食物的可口。還有那接待客人熱情的招呼聲、親切有禮的服務,提供各種書籍讓客人翻閱,並依照節慶更換店裡的佈置與飾品擺設,可以帶給客人與自己一個既滿足又舒服的時光,這真是件很幸福喜悅的事情。讓我再度燃起夢想,嚮往著將來也要擁有一間餐廳或咖啡館,將內在的理念、喜悅,可以在一個空間裡完整

下定決心，實踐夢想

Chapter 3

地傳達。

也許派店生意並非每天高朋滿座地能讓老闆與店長生活過得閒暇富裕，但是在一間店裡有自己的文化思想以及精神理念，就算工作的營業時間比一般上班族還長，但是可以在有限的時間裡自由地分配運用，在每天一早先挑選想喝的單品咖啡豆，然後用虹吸式咖啡壺用心地為自己煮上一杯香醇的咖啡，迎接一天最美好的開始。在工作中依照自己的心情或是現場狀況而定，播放古典音樂或是 Bosanova、Jazz……等等，藉由美妙的旋律一下子就可以改變整個店裡氛圍，在招呼服務客人的同時，再加入體貼的心意與客人有更進一步的互動與了解，總之，經營一家餐飲咖啡店的點點滴滴，都讓我十分地羨慕與著迷。

年滿 30 歲的我心性還未定地在追求著什麼才是心中的理想、人生的方向？剛來到台北打拼所選擇的第一份工作，是在當時總裁嚴長壽先生所管理的亞都麗緻大飯店，外駐餐廳中擔任資深服務員。資深的原因我歸類有二，一是之前在歐式派店

做到副店長一職，對於餐飲服務有一定的水準與熟練。二是年齡已滿 30 歲，還在做餐飲服務員，所以要掛上「資深」的頭銜……然而這樣的自我認知，有一番相當不正確的批判與追求成功的迫切。

縱然在亞都麗緻的管理制度下，深深感到飯店對服務客人的細膩與用心，對員工也如同家人朋友般的關心，而我也秉持著在餐飲服務業需要擁有的熱情，不論是服務客人提供愉悅的用餐，或是與同事的相處上能互助愉快，即便工作時間需要加班或是勤做晚班的每日清潔，都會要求自己要保持心情喜悅，開心地投入在這個工作裡。當時餐飲服務員的服裝是頭頂夾著白色頭花，身穿黑色法式澎澎裙，再穿戴著白色圍裙，這是正統法式女性服務員的裝扮，但對當時充滿自卑感的我來說，簡稱這就是「女僕裝」，穿在十幾二十歲的女孩子身上確實是相當可愛非常賞心悅目的，但是對我來說三十歲了還這樣打扮，令我感到非常的彆扭和難為情……

　　於是在內心裡時時刻刻鼓勵著自己，要更加油、要更努力，將這股不好意思化為晉升職階的動力。每天提醒自己要以領班、主管的態度來協助餐廳經營以及服務人群，要用最快的速度晉升到領班，快點穿上白襯衫與黑色西裝褲才行。對於工作表現與投入熱忱有更深地自我要求與肯定，所以在每一次人事考核之下，成績都有拿到優等的評分。而我更要感謝當時的經理、副理與內外場的所有主管、師傅與同事，在互助合作互相關懷之下，讓在外地生活的我，完全沒有難以適應的地方，能夠快樂自在地工作每一天，回憶起來有著萬份的感謝與喜悅。

第二節
紅酒之夜

　　回想當初來台北體驗生活，選擇了餐飲飯店業是因為對台北環境的不熟悉，不願意麻煩到身邊的親朋好友，加上二專在校外實習時知道大飯店對於外地的員工有提供宿舍的安排，對於在台北租房子至少要八、九千元的條件下，選擇熟悉的行業先認識台北，並有提供住宿的環境下，可以讓父母親比較安心。

　　但是我心裡清楚，要在飯店內晉升到主管階級是需要至少長達五年以上的飯店經驗，所以在亞都飯店工作我定義為台北的初體驗並且設定的體驗時間為一年半，我要在這一年半的時間裡去認識台北探索任何新體驗。而工作即將屆滿一年，腦

海裡開始思索著將來人生的規劃，不斷反覆思考著飯店的工作生涯真的是我想要的嗎？從資深服務員到領班，從領班到資深領班，從資深領班到副理，從副理到店經理，從店經理到協理……，在餐飲業裡，年資與經驗是絕對的重要，但是這兩樣我都沒有，我也不想要在餐飲飯店業裡跳槽來跳槽去，用經驗來換取職位。每回夜深人靜時，腦袋裡都會浮現，我真的要一直做飯店業下去嗎？心裡開始出現孩童時代的那個聲音，我一定要做出什麼才行啊？父母親好不容易允許我來台北打拼，「我一定要做出什麼才行」這個聲音一直在我心頭裡徘徊不去……

那一晚好姊姊安乃文從高雄上來，在白天學習心靈課程後特別留下來參與紅酒之夜的聚餐。就在 2012 年的 11 月的夜裡，帶領我們心靈成長的王慶玲老師在歡樂的氣氛下，說著她成立的「十方究竟心靈空間」預計在年底結束，想要讓給有心人士來承接。老師向我們大家說著她在 2013 年最想體驗的目標方向有廣播、出書、寫專欄、演講、專職授課，並朝向海外發展等等，

體驗更多不同的天賦擴展。

回想那天美好的夜晚，畫面在腦海裡依舊是非常清晰，在三口紅酒下肚就滿臉通紅的我，手裡拿著紅酒杯在空中搖呀搖著，突然靜止酒杯地向老師致敬，一臉篤定地說著：「老師，這是我夢寐以求的事啊！我想接！我想承接這個神聖空間！」

是啊！我一直好想擁有自己的一間店，年輕時是咖啡館、西餐廳、小酒吧，我曾想過把高雄店面的家，重新裝潢打造成瑜伽空間，我可以為像母親一樣忙了大半輩子，都是為他人辛勞的長輩們，協助他們開始把焦點拉回自己身上，去貼近自己的心擁有更多的美好時光，帶領他們往瑜伽的伸展世界學習如何照料身心，舉辦電影欣賞或善知識的影片提供長輩們互相交流心得與喜悅，最重要的是讓長輩們可以結交新的朋友圈，如同我在心靈成長中擁有更多充滿愛並樂於分享的兄弟姊妹。

我想像著在接下來用心打造的空間裡，每一位都能擴展著不同的體驗，如今，在我心中的夢幻神殿即將結束，我無法想

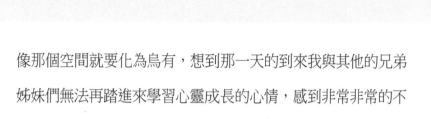

下定決心，實踐夢想

像那個空間就要化為烏有，想到那一天的到來我與其他的兄弟姊妹們無法再踏進來學習心靈成長的心情，感到非常非常的不捨。

倘若承接這個空間不僅圓了我的開店夢，也可以讓更多的朋友在此學習瑜伽、觀賞非常棒的電影導讀、持續多元化進修學習、每月可以有讀書會聚在一起聊天交流在生活中與生命裡的種種新洞見，此時激動的心情化為鼓舞的勇氣，向神說 I want，我要！我要接下這個神聖美麗的空間。

這原本是慶玲老師在 2010 年成立的心靈空間，老師獨特的審美視野，在與設計師溝通打造之下，強而有力地把空間內一景一物帶給學員們無比安定的力量。殿堂裡有一面埃及文與佛陀靜坐的大片石牆，是我每次在課程中聽著慶玲老師講課時，眼睛盯著前方注視並加以讚嘆的一面石牆。還有那代表豐盛能量的曼陀羅圖騰，站在圖畫面前凝視幾分鐘後就能感受一股綻放的能量湧入體內、以及亞特蘭提斯的「智者之山」這幅畫，

提醒著我的心要像金黃色的光，乾淨而透澈才能一步一步的登上那水晶柱般清澈、晶透的智慧山峰。還有合一大學阿瑪巴觀的聖照與聖鞋，讓我們可以得到完全被接納的神聖祝福，以及在門口一進來就會看到一座木雕的「水月觀音」，在寧靜之中可以感受到那如如不動的穩定力量。還有太多太多慶玲老師用心佈置的細節，是我怎麼樣也想要保存下來讓更多人有機會體會。

由於已經有許多朋友有意承接老師的空間並且一一在詢問中，老師請我在仔細思考下後儘早給予回覆。在紅酒之夜結束的那個深夜，走路回到宿舍的十字路口旁已迫不及待地撥起電話，與正在搭乘長途客運返回高雄途中的安姊姊說著：「我要承接這個空間，妳要和我一起嗎？」，兩人在電話中彼此交流將空間承接下來我們可以做些什麼？

新空間的名字要取什麼才好？電話的兩頭，聽到的聲音是兩顆心在炙熱噗通噗通地跳動。

下定決心，實踐夢想

Chapter 3

　　夜深了，宿舍的室友早已熄燈就寢，在黑暗中我靜悄悄地打開了桌上的小檯燈，拿出筆記本，開始想著我們可以在這空間裡提供哪些服務？可以做什麼分享活動？空間的名字要取什麼好呢？名字很重要，象徵了這個空間將帶出來的本質與精神。在紅酒之夜後的一個禮拜我與安姊姊每夜透過手機通電話，我們彼此取了五、六個中文與英文的名字，在互相交流的共振之下，安乃文姊姊說：「我想到了，空間就叫「純粹」吧！」我一聽到就覺得超級興奮的，因為在我想取的英文名字當中也有取到一個是 pure，那就把這個全新的空間就取名為「純粹空間Pure Space」吧！

　　純粹──擁有單純的初衷，體驗與發現事物的本質，將生命過往經驗淬煉為滋養身心的精華。在「純粹」理念中承接這個空間，希望能讓更多朋友們在一個這麼棒的神聖空間裡，繼續成長學習。這個空間沒有宗教色彩，能量保持敞開，我們要讓很多的愛在此流傳。在純粹空間裡，課程元素可以很多元但

不雜亂，堅持純淨的精神成為自己心中的標竿，這是我與安姊姊彼此心裡很深很深的明白。

安姊姊為確定我的心意，在最後關鍵時刻來電問了我一句：「如果我沒有與妳一同承接，妳還是會承接下來做嗎？」我回答：「我還是要做！我會請一個員工來做搭擋，當我知道那個搭擋由妳來做，那是最適合不過了！」，我的篤定回答，讓安姊姊有定心丸似的，決定也聽從內在的聲音。當時要安姊姊搬遷上來台北與我一起打拼，實為不易，因為她才剛榮獲專業精油芳療師的高階認證，在芳療店裡深受老闆的信賴與肯定，眼看即將就要升為店長一職，但是她願意在最短的時間內把她長久以來建立的客人好友，一個一個親口通電話的接洽，一個一個妥善的交由給兩位同事做後續的芳療服務，並在一個月內把在高雄租屋的所有東西打包整理，準備寄上來北部，她已經做好所有的最佳準備，全然投入地經營純粹空間。

而上禮拜才剛回高雄的我，在隔一個禮拜只休一天的情況

下馬上搭六小時的車程回家，因為創業這件事對保守觀念的家庭來說，是件很重大的事情，在已打定主意的情況下，我一定要先與母親溝通，讓母親完全明白我的想法取得支持才行！

第三節
圓夢來自篤定

　　家家有本難念的經，在家裡往往會造成最大的爭執，多半都與金錢有關，尤其從小在觀念保守的家庭裡奉行著節儉的生活，父母辛苦把我們拉拔長大的過程，是一點一滴，一元、兩元存款忍熬過來地。銀行帳務那些不需要造成額外的手續費，如轉帳與跨行提款的手續費、信用卡的循環利息等等，母親都會特別地謹慎與在意。畢竟銀行存款利息永遠不高，而手續費加加減減一扣就是一筆，母親的心疼，我能非常的理解。

　　關於「負債」這個字眼，對於母親勤儉的觀念下是非常奢侈、錯誤的行為。但我知道那是來自母親對擁有金錢的認知感

下定決心，實踐夢想

Chapter 3

到十分的不安，對於金錢的流動，感到相當不容易與困難。而我將要跟母親說的是為了創業，我需要向銀行貸款，之後每月必定向銀行攤還。回想起原本是計畫來北部體驗生活，也許兩、三年後會回高雄工作，但是接下空間後我就勢必三年，甚至三年以上都在台北打拼生活，所有的方向都不是朝著父母親的期待走，我要如何告訴父母親關於我的圓夢計劃呢？

我記得2010年內在非常渴望來台北生活，當時看了一部印度史上最賣座的影片〈三個傻瓜〉，唸工程師的兒子法罕，必須向父親說明內心最渴望成為的不是畢業後當名工程師，而是做一名動物紀實攝影師。對於他的好友拉加‧拉斯托吉因一件錯誤的行為讓校長不讓他順利畢業，十分刁難地出一道題目讓他在友情與親情之下萬分地左右為難，拉加‧拉斯托吉最後選擇以跳樓的方式來回應這難以抉擇的答案。劇情中拉加‧拉斯托吉並沒有死亡，但是身受重傷的他也讓家人朋友們十分地為他擔心與祈禱。當時法罕要向父母親說關於他的夢想計畫時，

法罕雙腳跪地，誠懇並鼓起勇氣拿出身上皮夾向父親說著：「這皮夾照片上，爸爸媽媽的笑容是如此的燦爛有愛，他絕對不會以跳樓自殺來讓父母親傷心，他會好好愛惜自己請父母放心，但懇求父母的支持，讓他做內在真心渴望的事情。」〈三個傻瓜〉這部片對我有好大的意義，除了教會我「追求卓越，成功自然會追著你跑」，更教會我與父母親溝通不是用強硬的態度，要求父母親一定要聽我的，而是用誠懇請求理解的心，清楚明確地表達內在真實的想法，請求能夠得到父母的支持與協助。

晚餐飯後，母親已在房間內等我向她說明這一切的來龍去脈，當時心裡緊張萬分，並在內心呼請神聖力量的陪伴，請求陪伴在整個與母親的溝通過程裡是順利、和諧與圓滿。我誠懇地向母親說明我在台北一邊工作，下班之餘依舊持續在心靈成長上下功夫，參與每月一次的讀書會，說明從進餐飲業以來心裡就有想自己開店的念頭，如今這是一個不可錯過的機會，我需要母親您的支持與認同。

　　母親聽完淡淡的對我說：「妳有想過那筆錢怎麼來嗎？」我回答：「我會去向銀行申請貸款，並多找幾家來比較利息費率的問題。」然而相當意外地，母親聽完沒有不愉快，就只是請我去多找幾間銀行，去比較每間銀行借貸的利息與清楚貸款是怎麼一回事，這表示，我已經取得母親的同意。

　　在內心，我激動地跟神聖力量一直說「謝謝！」謝謝得到母親的同意與支持，我相信一定是神聖力量臨在的原因，讓溝通的過程是如此的順利，也感謝自己堅決的心意如同日本武士般必死的堅定，更讓我想起慶玲老師曾說過的一句話：「內在安定了，外在一切就會安定，內在過關了，外在一切就通通過關。」

　　創業的資金，最後是在母親的支助下讓我不需向銀行貸款而順利地承接心靈空間，除了對母親有無限的感謝，我想最實際回饋母親的表現方式是好好經營純粹品牌，提供一個幫助人們身心靈喜悅平衡的空間平台，並發揮每位學員們內在潛能，

共同創造生命中無限機會與無限可能。能夠如此順利圓夢，我相信絕對是因為渴望的力量比恐懼力量還要巨大、強大，是「理想」在推動著生命前進而不害怕，是「理想」讓生命品質更富有意義而不一樣。

第四節
初心

2012 年，全球掀起一股世界將在 2012/12/21 毀滅的傳說，雖然這是一個來自馬雅曆的結束，代表地球將有新次元的升起，而我在 2012.12.21 台北巨蛋的合一靜心活動中寫下我在 2013 的新願望——豐盛，擁有豐盛的心。

因為在生活中的各個面向，都無時無刻在考驗著我此時的立足點是踩在匱乏上還是豐盛上。由於要在搬離飯店所提供的宿舍之前，必須找到之後外宿租屋的地方，我在腦海中描繪了外宿生活中所需要的一切——嗯……至少要有一扇窗戶、有個小陽台、有小冰箱、有一台冷氣、電視、與無線網路、還有自

己獨立可用的洗衣機。安乃文姐姐陪伴著我找了幾間套房，價位從六千到九千不等。

在外地生活當然希望租屋費用能越低越好，但若是一直在價位上打轉而不顧想要的生活品質，對我來說那就是在內在宣佈著「我不值得」的判定。我相信在腦海裡將我想要的嚮往，描繪的越清晰、將我要的條件列舉出越明確，之後所看出去所觀察與注意到焦點就越容易出現在我面前。只要我願意堅定的相信，真的就是會有一個優質的房間與一個滿意的價位，所有的條件通通符合我所開出的條件，我相信這樣的美好，一定會被我顯化創造出來，而我也真的實現了，現在住在一間完全符合需求的套房裡，擁有自己打造的小小天地。

回首 2013 年，「純粹心靈療癒瑜伽空間」在二月底辦了一場兩天的愛心市集，我們將兩日義賣所得的款項全數捐給在高雄車禍意外的家庭。接下來舉辦了每月一次的電影欣賞之夜、及每月北中南學員聚在一起的讀書會、舉辦過〈邁向天賦之

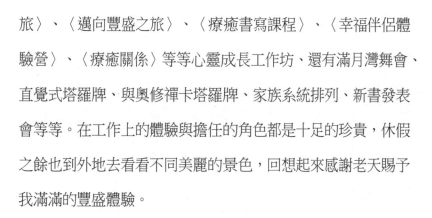

旅〉、〈邁向豐盛之旅〉、〈療癒書寫課程〉、〈幸福伴侶體
驗營〉、〈療癒關係〉等等心靈成長工作坊、還有滿月灣舞會、
直覺式塔羅牌、與奧修禪卡塔羅牌、家族系統排列、新書發表
會等等。在工作上的體驗與擔任的角色都是十足的珍貴，休假
之餘也到外地去看看不同美麗的景色，回想起來感謝老天賜予
我滿滿的豐盛體驗。

　　然而我在 2013 年二月底卸下餐廳領班職位，三月一號成
為純粹空間創辦人，這樣的角色看似轉變很大，但是如果內在
品質不變，我一樣是原來帶著自卑情結的我，那麼將無法帶領
純粹空間發光發熱的。有幾回在純粹空間，看著夥伴安姊姊在
與其他老師談論課程相關內容以及安排活動如何進行、如何使
用空間與以及如何加以推廣課程……我卻感到自己有些插不上
話，只能在旁邊聆聽或補充說明。然後看著安姊姊給予學員心
靈上寶貴的建議，竟然感到十分羨慕也產生對自己的質疑——
一定是我的眼界不夠多、我的想法沒有她好、一切都聽她的為

主就對了、我做我該做的事就好了，反正我的講話速度原本就比較慢，也習慣當一名傾聽者……漸漸的又再次把我的想法與熱情都隱埋了起來。

有一回在上奧修禪卡的課程，老師要我們問出此刻想詢問的問題，然而那陣子我的問題都落在我在純粹空間該扮演什麼角色？我在純粹空間可以提供什麼價值？純粹空間該走什麼方向？乍看之下我是以創辦人的心態在思考著純粹空間的未來，所該朝向的方向與目標，但是當牌卡出現「存在」時，就透露出我的內在有多麼大的匱乏感。我看不到當初是如何純粹的心，就是想承接這個空間，我看不到在保守的個性及毫無存款下是多麼大的渴望，促使著我無論如何我都要籌出這筆費用來完成這個夢想。

我看不到，存在就是一種力量，非要與他人競爭、比較、幫助到什麼人、已完成什麼事或是談到什麼案子才能「證明」自己是有貢獻的，是有價值的。內心世界的眼光總是聚焦在我

不夠好，我該多做些什麼？所以表現出來的就會是需要很努力的、不輕易的、需費力的，縱使我做的工作內容已不是需要挨著穿高跟鞋的腳痛來提供餐飲服務，或長時間需要站立並走動，但是內在的努力抓取與能量的耗弱是一樣的辛勞，對別人所做的給予高分支持，對自己所做的給予 nothing……不值一提的感受，這是一種對自我嚴厲的苛刻，更來自於對自己擁有的一切沒有好好的珍惜感恩。

老天爺不是給了我最夢寐以求的嗎？我所體驗的不就是正好我所渴望的嗎？為何我遲遲看不到自己的力量？周圍的好朋友以及夥伴安乃文姊姊確切地告訴我：「對於純粹空間來說，妳初衷的心、妳的純真，透過妳的創造就是一個不可抹滅的存在了。」

無法看到自身「存在就是一種力量」，那是還在追求成功的自我證明！

「我不夠好」、「我要再做些什麼才行」的想法，總是耗

弱了更多的力量。感謝帶路人慶玲老師總是做最佳示範地對周圍的學員或是朋友、不斷地協助他們在心靈上的穿越與生命繼續向前的突破困境。

　　老師在帶領我們的過程中,讓我體會到在課程教授中,就是一種付出,把內在擁有的寶貴經驗分享出來,讓朋友們在生活上能受益有收獲,能幫助對方成長而非讓生命陷落,在給予付出中,豐盛和喜悅就隨之而來,善的業力法則下所收到的回饋總是帶來無限的機會與滿滿的恩典。

　　生命是流動的,絕不會是只有付出而沒有收穫,施與受是同一刻時所發生的。而我也深深感激著在瑜伽教學付出的過程中,透過引導讓學員們在瑜伽伸展裡,連結身心貼近自己,冥冥之中生命一步一腳印地,完成了小時候想成為一名老師的渴望,這真的是整個宇宙幫助我完成的。

　　我知道那時無法明白自身存在的力量,是因為內在有一份想自我證明的追求,在瑜伽練習的過程中,身體肌力的鍛鍊是

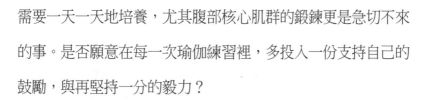

需要一天一天地培養，尤其腹部核心肌群的鍛鍊更是急切不來的事。是否願意在每一次瑜伽練習裡，多投入一份支持自己的鼓勵，與再堅持一分的毅力？

在瑜伽練習中多給自己緩慢的深呼吸，伴隨而來的就是肯定自己的歡喜。每當腹部內收、脊椎往上延伸、雙手上舉或是將胸肩挺出，肢體的變化與姿勢的改變就會提醒自己再一次的保持覺知和敞開，同時意志力與自信心的提升也就在一次一次的瑜伽練習裡自然而然地建立起來。

我相信凡事付出，必有收穫。在關係裡的真摯交流，能給出對方一份關懷，心裡就會得到一份喜悅。在學習中給出一份專心投入，就會得到一份明白領悟。在工作裡給出一份認真付出，薪資上或職位上就會得到相對報酬。在身體保健上給予一段時間的運動，就會擁有免疫力增強的健康、心情的喜悅與體態苗條的展現。

問候自己・一同練習

一、透過瑜伽連結你的身——體位法練習：勇士式（一）

1. 雙腳站立於山式，將力量來到大腿內側的肌群，讓尾骨內捲腹部內收地將脊椎往上延伸，保持胸肩開闊。

2. 右腳往後踩一大步，右腳大拇指朝外約15度至30度，讓重心來到右腳後跟，

右腿有力地往地上扎根。

3. 讓左腳膝蓋朝向第二根腳趾頭方向，在一個吸氣將脊椎往上延伸，吐氣時慢慢

將左腳屈膝往下來到約90度的前蹲。（身體的重心應保持在右腿的向下扎根、脊椎的往上延伸，而非將身體的重量全放在左腿膝蓋）

4. 前腳與後腳將身體穩定於中間之後，再次確認尾骨內捲、腹部內收、脊椎往上延伸，隨著吸氣讓雙手高舉過頭，手

三、勇士（一）

像個勇士般地精神抖擻！

臂腋下朝向前方，讓後背肩胛骨開闊，同時保持胸椎延伸展現

勇士般自信的力量。

二、透過瑜伽連結你的心：

勇士式的雙腳往下扎根，如同生命努力學習的過程中，踏

實生活，將所期望達成的目標，透過每天的練習，離期望中的

自己更加靠近。

前胸與肩膀象徵展現的力量，腹部核心對應著意志力的堅強與自我價值的肯定。隨著瑜伽練習的過程中，連結勇士精神的頻率，將會更有自信、有毅力，並且願意展現自己，擁有正面積極的思想與內在身心平衡的穩定。

三、透過瑜伽連結你的靈：

雙腿盤坐平穩在地面，將背部挺直微收小腹，左手放於左腿膝蓋手心朝上，右手手心覆蓋在臍輪上（肚臍到太陽神經叢），緩慢地輕閉雙眼，給自己七個深呼吸，想像有一道黃色之光在臍輪閃耀著，透過「我願意」來連結內在的意志力，一步步踏實地成為渴望中的自己。

下定決心，實踐夢想

Chapter 3

心靈瑜伽領悟：

　　從瑜伽中實踐夢想——宇宙法則之一，怎麼付出就怎麼收穫。對身體怎麼付出與保養，身體就怎麼平衡與健康。如生命的渴望，當你付出心力越大，收穫必將越大，你專注在哪裡，哪裡就越有力量。

Chapter 4

學會信任，才能 放 鬆！

How are you doing lately?

擁有完美情結的人，

最在意的總是自己的表現而非真心地關懷對方，

但如果將焦點只放在自己的表現上，

那只會讓彼此真心很難碰觸在一起，

因而遠離了一份真正愛的關係。

第一節
都是在為自己安排

　　選定十六天送給自己的瑜伽師資培訓之旅，讓自己完全沉浸在瑜伽生活的世界，而這一份近十萬元的生命大禮，故事由來要往兩年前〈邁向天賦之旅〉的課程開始說起。2013 年當時的我，對生命的體驗擴展其實還沒有一個明確的方向，我只知道創立純粹空間是為了圓夢，並且幫助自己與幫助他人身心更加平衡，讓生命更有所成長與突破。對於往後的人生，我要做一位樂於關懷、願意陪伴、能滋養到對方身心平衡的心靈輔導工作者。但除此之外，我不知道我還能做些什麼？我的人生還有哪些想體驗的目標？即便成立心靈空間之後，一樣感到對生

命茫然不知生命該何去何從？

　　這趟瑜伽師資培訓之旅，原本是前男友找的，他的筋骨比我還柔軟許多，心靈成長帶路人與周圍的好友們都希望能協助他找到今後的人生方向，開始去體驗生命並擴展他的天賦計畫。而我只是幫忙蒐集課程相關資料與思考地點的選擇，查詢哪一間瑜伽師資培訓課程會是最符合他的需求。沒想到資料篩選到最後，發現他的人生志向並不在此，而一切的方案選擇最後竟是無心插柳，柳成蔭的狀態下，換成是我來報名，並且日夜期盼瑜伽師資培訓的日子能快點來到。

　　很感謝在協助前男友圓夢的過程中，勾起小時候的回憶，從小我就好想進入舞蹈班，因為我愛極了在舞蹈中那個專注的自己，希望進入舞蹈班能不斷地每天練習以及有機會參與任何的活動演出。每回在舞蹈的世界裡，頭腦會特別寧靜，不會想東想西，也無需有任何的擔心。在全然投入的過程中只有感覺到，舞蹈的時間總是過得特別快，而我，好像也只有在舞蹈的

問候自己

你好嗎？

時候覺得最有自信感。

　　後來因為筆試考試成績落差一分，最終沒能進入舞蹈班。第一次的人生大考試，是在國小不到十歲的年齡，對於母親辛苦賺錢讓我去學習舞蹈，而我沒有考上舞蹈班，有一種十分洩氣的心情，也從此讓我不再提起任何有關想要繼續學習舞蹈的這件事情。但，感受騙不了人，我的內在永遠有一塊失落感，對於無法圓夢感到有些遺憾……尤其看到優人神鼓的團員們聚精會神地演出、無垢劇團展現屏氣凝神的沉定、雲門舞集表現肢體上的情感流露、包括電影〈陣頭〉九天民俗技藝團的演出，我的心，除了對舞者獻上萬分的敬意，同時眼神也透露出十分欣羨的神情。

　　你所付出的，都將流回於你。當初用心地為朋友蒐集資料、詢問安排，原來都是在完成自己生命的夢想，重拾兒時的願望。這一切搜尋的過程，是一場神聖的安排，我驚嘆著原來所付出的一切用心，最後是為了自己的生命在找尋，自己是如此地深

受獲益。我渴望著自己也是一位有精神涵養的人，於是一路走來，不斷找尋、不斷打造、不斷追求、不斷效仿、欣羨嚮往各式的生活藝術家，我愛極了她們的內在品質，總是散發著愛的光芒。她們用心的生活，對生命無悔的付出，是如此熱情地盡興與揮灑。我的渴望像是一盞明燈，為我照著前方的步伐，而這些都是生命中對我而言美好的精神朝向。

　　我曾經渴望成為專注全然的擊鼓禪師劉若瑀女士、服務熱忱且親切有禮的歐式派店阿 May 店長、富有浪漫情懷的彩繪藝術家 Fion 老師、落實生活地擴展天賦，走在靈性真實的王慶玲心靈輔導老師、熱愛烹調並重視親子生活的母親蔡穎卿老師、透過花草手作增添生活情趣的 Jasmie 老師、在愛中至善至美的 Sucharita 瑜伽老師、對夢想有堅持力與極具實驗精神的安乃文精油、花精老師。不過我越是羨慕他人，就越深陷苦惱地讓自己迷失了方向沒有了自己，更不知道自己的中心思想，投入心靈成長裡，並且繼續在這生命大哉問中，吵雜地說要找尋自

己、探討我是誰、以及今生來地球的目的。

在台東的瑜伽練習裡，夕陽西下揮灑著金黃色細長的餘光，我看到了其他九位夥伴他們身上各自所散發的優點與美好，也第一次這麼清楚地看到自己，渴望成為對方的老毛病又在此犯起，竟然想一口氣，一個一個地換掉自己成為對方……他們九位分別有性感自信的、表達自如的、感情豐富的、敞開心胸的、細心體貼的、幽默風趣的、認真單純的、可愛動人的、會眾多語言的，我喜歡他們也非常羨慕著他們擁有這麼明顯的特質。

也許他們身上的優點在我身上也會出現，但我總覺得在我身上所產生的共鳴，都是一點點、一點點的無法被歸類。又或許是，我從來沒有真正去欣賞過自己獨特的地方，哪些特質比重佔較大？而我清晰地看著自己的思想，體會到我無法見到一個所欣賞的對象就變成他，這樣變下去是永遠都變不完的。我好奇著明明父母親把我生得如此健康又美麗，到底我在沒自信

些什麼？為什麼常看不到自己的優點，而這樣一路上努力地追求自我展現，不僅讓人生過得無法真實又感到相當疲累……

　　夜晚，我們總共十位同學加上 Sucharita、Michael 兩位老師，坐在地上圍成一個圓圈，輪流分享著白天對於瑜伽練習與課程主題的心得和感受，每個人可以在微弱的燈光下看到對方的眼睛，聽到對方的聲音。也許視線不夠清楚，但在敞開的交流下，我們每個人都是進入了對方的心，在聆聽，在回應……在我耳裡，每一位同學的分享是如此的珍貴，每一個點滴領悟都是過往生命歷練所烽留下來的痕跡。我們大家有時說著說著，忍不住心情的激昂，言語頓時化為珍貴的淚珠，此時的寧靜無聲卻讓人更深刻體會，真的，每一個人的生命都是充滿智慧奧祕來著的。原本眼睛總是往外看的我，在那一刻確實明白了，我的分享也是來自過往的生命歷練，我的明白與所領悟到的智慧，不也是一直推動著生命前進，而我，不也是充滿生命智慧的奧祕。我看著內在羨慕他人的眼光，透過覺察腦袋裡的所思

所想，終於清楚明白我無法成為他們，也無需成為他們。

我想我是如此容易看到九位夥伴他們身上各自擁有令人讚賞的優點，我也相信九位夥伴們能夠看到我身上也有值得嘉許的地方。在慶玲老師的第一本書《靈魂深處的力量》裡，有一句話是印度合一大學的聖者阿瑪曾說：「胡蘿蔔就是胡蘿蔔，馬鈴薯就是馬鈴薯。胡蘿蔔不是馬鈴薯，馬鈴薯不是胡蘿蔔。」，看著夥伴們各自有生命的精彩，各自有優點的延伸，而我願意將投射在他們身上的眼光轉回來看見自己，就如同欣賞他們一樣地欣賞自己。終於能夠深深地明白，誰都不需成為誰，我也不需成為誰，我只要成為我自己，發現自己的優點。

看著這份長久以來「渴望成為他人」的苦，瞬間得到釋放與解開，心情感到特別地自在。

第二節
失控後的牽掛

在求學的時代裡，學生若有心想考取 100 分，都會用心竭盡全力地研讀課業。在職場表現中，員工若有心想要好業績就更會盡心盡力地全力打拼。學生會有學業成績評分表，職員會有公司業績考核表，0 分～ 100 分的範圍裡，數字除了代表分數的高低也代表了正面與負面的定義。有完美情結的人，總是無時無刻地在腦海裡對每件事情一一評比，對自己的表現更是會評下各式正向、負向的聲音。

十六天的僻靜瑜伽旅程裡，沒想到第二天我居然睡過頭，六點集合的早課，而我卻是五點五十八分被同學叫醒起床的。

或許，這不是非常嚴重的事情，一位習慣半夜三四點才睡，隔天睡到近中午十一點的人，在第二天時差沒有調過來老師其實都會包容一下的。但對我來說，當下真的是自責到不行，因為我是開辦心靈課程的中心，課程的嚴謹與神聖，「準時」是首先必要的自我承諾。

這是對學習的一份尊敬，而我卻失誤了，我感到很深的愧疚，進教室後說著抱歉、對不起，連忙就定位地開始與大家展開清晨的練習。從清晨、早晨、到中午近五六個小時了，對於自己遲到、睡過頭，我依舊僅僅掛在心頭，不論兩位老師在早晨教導些什麼，我其實都聽見不了。猶記得＜老和尚背姑娘過橋＞的故事（註二），我只要誠懇認錯下不再犯就已足夠，而我卻背著這個錯，持續在心中擴大發酵，空白了早晨的教導，覺得好得不償失，心情並沒有因愧疚而更美好。

深入聆聽內在不安的聲音，它不斷地在播放著：「啊！好丟臉啊！在這裡深習的第二天居然睡過頭，不知道其他人會不

會笑我……」然後自己又在心裡批判著，都已經快三十五歲的社會人了，還擔心著弟弟妹妹的眼光……直到吃完午餐，午休補眠了一下，我決定告訴自己，事情發生了就發生了，之後都要提早進教室做準備就可以了。這才讓自己安心地全然投入在接下來的課程裡，跟自己說該放下了。說到底，我的自責與不安是因為我在乎別人的眼光怎麼看自己，而不是真的在意有沒有耽誤到課程的進行，而我深深地知道，不去在乎別人的眼光，是我一生要穿越的課題。

　　晚上睡前，發訊息給慶玲老師與安乃文姊姊，分享關於今日的出錯與內心的糾結。慶玲老師回覆著：「睡過頭一點也不丟臉啊！顯然 Amy 很不喜歡自己失控。」我省思著這句話，突然像當頭棒喝似的，是啊！除了準時是一種專業之外，真的是這樣的行為表現「超出我控制的範圍」而令我坐立難安。再次面對真實的自己，我想要在瑜伽師資培訓的旅程中有個好表現，不要出 trouble，不要給老師或同學們帶來麻煩。回想這

一生有好多的時刻,我在關係中都習慣控制所有事情,都希望

能夠按照期望中的結果來往前推演安排進行,永遠事先規畫著

step1、step2、step3,倘若事情的發生或進展變成 step1、

step4、step3 的呈現方式,我的思緒就會一整個被打亂,心情

無法安寧⋯⋯為了要按照頭腦自以為達到完美的呈現,於是在

種種過程中頭腦介入著控制,緊緊安排事事規劃著,生命一整

個因此不得閒,也一整個不輕易⋯⋯

自責和內疚裡,還隱藏著一直想要當好學生、好女兒、好

情人的形象。從小母親稱讚我很獨立,事實上是我很怕添加父

母麻煩,也不願意讓父母親操心。曾經以為乖乖聽話就是孝順,

然而,完全的聽話照做卻又感到這中間沒有了自己。表面聽話

卻內在不認同地隱藏想法,反而變本加厲地為叛逆而叛逆。在

感情中,曾經以為聽話柔順就會贏得對方的心,然而完全迎合

對方的喜好,沒有了思想,表面溫柔內在卻鄙視自己的不敢主

張，這只會讓感情無法交流，增加彼此間的距離。回想過往，我的爸媽都不是有錢人家來著的，尤其母親為了撫養我們長大所受到的苦，我想唯一能做的是不讓母親發脾氣、不讓母親多憂心，能夠在親友面前做個乖順的女兒，好讓母親在外頭有面子，但裡頭卻一點都不明白愛的真理、失去愛的根基。

我也曾錯誤的認為沒有出狀況、沒有一直發問「頭腦式的問題」、沒有在心裡出現抗拒、扭曲，不需要讓老師多費心地照顧我，這樣就是一個好學生。內在深怕增添了老師的麻煩，但這裡頭就早已不夠敞開地阻斷了愛，於是呈現出來的狀態，就像是隔了一層薄紗，隱隱約約地看見自己問題的所在，卻又逃避不願正視問題的拖懶，而讓自己看起來一切都很好的狀態，這是讓人無法碰到真實的情感。

過去往往和朋友聊天，我會安靜地傾聽他們說話，正向的說法是「傾聽」，精準的說法是「不知道說什麼才好」。就連和老師與姊妹們在交談間都要想著「這時回答要說什麼比較

好」，彷彿在這回答之間，還在找尋著什麼才是標準答案、或是完美的回答！看到原來這中間都還是在追求著完美的表現，才明白擁有完美情結的人，最在意的總是自己的表現而非真心地關懷對方，對我來說這也是一種相當自私的行為，如果將焦點只放在自己的表現上，那麼就無法用心在聊天溝通的品質裡，如此只會讓彼此真心很難碰觸在一起，因而遠離了一份真正愛的關係。

（註二）〈老和尚背姑娘過河〉一個小和尚與一個老和尚，兩個人下山化緣，走著走著到了河邊，這個小和尚因為剛入道，什麼事情都畢恭畢敬地看著他師父。眼前一看那岸邊有位姑娘要過河，他師父就過去問她：「姑娘你想過河嗎？那妳過來我把妳背過去吧！」，師父這就一路背過去了，小和尚在後面一路瞠目結舌地看著。姑娘謝謝老和尚後，老和尚帶領著小和尚繼續往前走了。這小和尚也不敢問，內心裡犯嘀咕的說：「師

父怎麼這樣呢，男女授受不親，更何況我們是出家人呀！」。

於是走著走著，走了二十里過後覺得憋得慌了，終於忍不住問

起師父說著：「師父啊！我們是出家人，您怎麼能背那個姑娘

過河呢？」師父就淡定地對著小和尚說：「你看我把她背過河

就放下了，你背著她二十里還沒放下呢！」

第三節
與過往和解

Dear Amy：

此時我向您請求原諒，原來對於前男友的來電，對待對方的態度會如此不佳、感到極度不耐煩，不是因為關係的逝去，讓妳感到悲傷、失望或心痛。而是對於過往妳願意讓自己承受這樣不平等的對待，妳對妳自己很生氣！妳很心疼妳自己！同時也覺得很對不起妳自己！

在極度不耐煩的感受裡，是因為妳想跳過跟自我和解的過程，妳不願意想起過往的妳，那個曾經自我虐待的妳，妳不願意他的來電又把妳拉回到過去，讓妳再度看到過去的那個自己。

親愛的，我向妳說聲對不起。很抱歉，這一路走來跌跌撞撞的，讓妳以為愛情路上要這樣走來才算動人精彩！很抱歉，現在才學會所謂的愛自己，究竟是如何地去愛！疼惜自己，究竟是如何地疼惜！

請求您的原諒，讓過去的瘀傷化為生命此後增進關係的滋養，我願付出行動去愛妳，我願真正地疼惜妳。我願意無條件地愛妳，愛每一刻成長中的妳。每一刻無論跌撞、無論好壞，都是獨一無二過了就不在的妳，事情過去了，就用心懷感恩的態度來感謝妳，而不再論對論錯加以批評。我相信一切的發生，都是為了要讓生命更趨於完整以及體驗圓滿。

對不起，請原諒我，謝謝妳，我愛妳。對不起，請原諒我，謝謝妳，我愛妳。對不起，請原諒我，謝謝妳，我愛妳。

這是 2014 年寫給自己的一封信，先前對於談過的戀情分手後，都是和對方秉持著「你走你的陽關道，我過我的獨木

橋」，從此井水不犯河水，分手就是彼此切斷關係讓對方能有安靜的空間不再受到打擾，各自去面對內在的自我傷痛，各自去沉澱所有的成長心情領會，然後各自再發展各自的幸福。切斷關係好像你我世界不再有交集，一切都變得很簡單、生活很安寧，然而上一段戀情因為和對方都是心靈成長的夥伴，還是會有固定見面的機會，雖然分手了但彼此都不想交惡的情況下，我們學習著如何做不了情人，但還是可以做朋友，雖然當時的我說真的連做朋友都不想要⋯⋯

　　但是在心靈成長的學習中，我非常清楚「生命是一切的關係」，與他人擁有和諧的關係是重要的，因為不和諧的關係，糾結混亂的將會是自己的內在狀態，完全與他人無關，生命只有自己能為自己負起責任，無法央求對方負責，更無法怪罪對方。身為心靈輔導工作者的責任與使命，都要來的比別人更加清楚，神讓我與好姊姊安乃文來接管心靈空間，一定有祂的原因，所以面對自身的黑暗，我知道要更有勇氣去面對、去突破，

去看事件不舒服的背後，究竟隱藏了那些真相。

　　原來關係切斷的一乾二淨，是因為面對以前種種的戀情，不喜歡過去的那個自己，懊悔著當初怎麼會喜歡上這種人？（內心夾雜了批判）怎麼願意被對方如此的對待而悶不吭聲？（再打擊自己一次）怎麼喜愛一個人總是過份的執迷，沒有了自我，對方總是選擇離去？（徹底的失望與傷心），對於過往的傷疤，不願再看一眼，更不願再次想起。

　　我突然覺察到，原來那是無法接受這種種相加起來的自己，無法接受自己對於愛的表現是如此的不明智，想以一種分手就不再聯絡把過去自己都切掉的方式，期待明天醒來就是全新的人，可以昂首闊步邁向新的未來。但是內在不和諧，心情肯定就無法美好，對於過去的自己不滿意、不接受，過去的經驗就無法化為糧食滋養生命。在接觸心靈成長以前，因為心裡有一個很深的愧疚，與他人比較起來總感到自己為家裡付出的實在太少，而無法對自己感到滿意。那時候深受金錢恐懼所苦，

認為沒有錢給爸爸媽媽吃好穿好就是很沒有用，所以一直貼上「我不夠好」的標籤，貼得牢牢緊緊的。

　　直到慶玲老師對我說起：「這個不夠好，究竟是在跟誰比？究竟是誰說妳不夠好？哪裡不夠好？」我開始支支吾吾地回答不出所以然來，因為跟別人比起來，四肢健全、相貌端正、身體健康已經是神賜予最大的禮物了，每個人生下來一定優點缺點互相參半，不完美的人才是真正的完美，就是不夠好的人生才有進步成長的空間啊！我才把浮躁的心再次安靜下來，而體會到每一刻，都是獨一無二的時刻，時間過了就不會再重來，也無法重來。每一刻的我也都是獨一無二的時刻，聰明的、愚笨的、天真的、糊塗的都是最佳的化身，看見了屬於自己可貴的本質。重新認識自己並願意探索，接納才是擁有真正的喜悅的開始。與自己和解，心裡和諧了，外在才能咀嚼品嘗著喜悅的人生。

第四節
還原真相

　　某一個午後，許久未見的朋友失去了以往臉部散發的歡樂笑容，那時她正碰上與伴侶大吵過後極度心煩意亂的時刻，她特意地帶杯咖啡、蛋糕來找我吐吐心事，詢問著能否為她進行一對一個案療癒。她見到我的第一句話，如同很多朋友對我的好奇——怎麼還能與XXX（前男友）繼續做朋友？甚至連他的女友都可以成為好朋友？

　　關於這個問題，我也曾不斷地在內在糾結翻攪過，因為「如果可以」，我希望一段關係在結束時就徹底的切斷分乾淨。但是我與前男友彼此都是心靈成長共修的夥伴，每個月至少都

會在慶玲老師的讀書會上碰見一次，我糾結著難不成真的要裝作不認識？算了，算了，把分手這件事看得雲淡風輕一些就好了……

彼此都是大家互相熟識的朋友，許多歡樂聚會我們一定都會參加出席。一開始為求「顧全大局」，我內心想著，總不能因為他的出現就都擺著臭臉給大家看吧！更不能央請大家選邊站，挺我的就不要再與他聯絡，挺他的就不用再與我聯繫。如果是這樣的處理關係，我想這五年的心靈學習，實在是太對不起天、太對不起地、更對不起老師、對不起自己。

我知道內心若是糾結，那些嘰嘰喳喳的聲音絕對不會是「心的聲音」。

回想在感情路上，我始終期望遇見一個能珍惜我，疼我入心的男人。當對方為了滿足自己的需求而向外找尋出口，成為我切斷關係火力十足的驚爆點，我怨嘆著，我為他付出這麼多，忍氣吞聲好幾回的煩惱，結果換來的是這樣被背叛的下場。但

是每回想到這裡，內在卻又有不同的聲音，似乎，我很感謝這個發生，讓我們真的分開了，讓彼此做回自在的自己，也因此我才有機會遇見真正疼愛我的伴侶。而他在分手近一年的時間裡，依舊在心靈成長上持續共修與學習，不僅散發不同以往退縮的能量，現在整個人都變得更加有朝氣，也擁有了無話不談、互相陪伴心靈滋養的生命伴侶。這樣的變化，我想我們真的很感謝來自每個月慶玲老師所帶領的課程與讀書會的共修成長，讓我們徹底明白了外在真的沒有別人，唯一要做的，只有對自己誠實。

在某一天讀書會結束之後，我打開筆電記錄著今日的學習心得，我能清楚地感受到，即時我們出席在每一個聚會、每堂課程與每月的讀書會裡，見面時都能互相擁抱，說說笑笑、在臉書中能互相留言、讚美，但我對於「面對他」就是有種卡卡的、彷彿一道薄膜隔在我的心房。於是在寫下讀書會的心得分享時，回想老師今天所帶給我們的教導，我問了我自己，我願

不願意誠實？還給對方一個公道？

當我閉上雙眼，我聽見一連串再也清晰不過的告白了：「我想我很早的時候就發現自己不愛他了，當初執意要交往，希望和他在一起，是因為想對自己衝動的告白能負起責任。很長的一段時間，我嘴裡說著都是愛，但內在卻一點兒都無法再帶給他真正的支持……」「然後我怪他從來都沒有在乎我的感受、總是把我放在關係裡重要排序的最後頭……」「我對他的感覺，早就不是愛了……」

我發現原來每段關係，自己才是真正的主導。是我期望分手，但始終說不出口，才會讓生命之流顯化他做出一件讓我能徹底對他死心，並且控訴「錯不在我」的事情上，好得以美麗解脫！

在那篇公開的臉書裡，我向他說對不起、請原諒我、謝謝你、我愛你。我要還他一個公道，然後讓「愛」再次充滿於我與他之間，成為真正的朋友、心靈成長上的夥伴。而我發現，

當我在內在裡還給他真正一份清白後，我竟然一一記起他對我

的好，並沒有比別人少……

　　還原真相，內心才能安然自在。

　　還給對方一個公道，「愛」自然而然地就湧入了進來。

第五節
學會欣賞

我覺得人生最有趣的事，是在不同的階段，發現不一樣的自己。

發現自己的喜惡有著天南地北極端的差異，在台灣我最喜愛的地點是台北這個大城市——日新月異地有著各種不同的藝文活動、每天充斥著大大小小的資訊、豐富了我對於新知充滿好奇的眼睛，身處在台北，彷彿內在就有著十足充電的活力。而我最想渡假休閒的地方，卻是國境之南，台灣最底端的屏東——墾丁，只要吹到南方的風，聆聽墾丁海浪的聲音，就可以讓我瞬間沉浸在整個放鬆、享受的狀態裡。

　　墾丁的氛圍，可以寂靜、也可以歡鬧，不論周圍是否充滿著西式的熱情，音樂、啤酒、笑聲、味道，在墾丁只有放鬆、休憩、慢步調。發現自己的個性好適合在墾丁，而內在對於生命的蛻變渴望好適合在台北。

　　這裡頭，有一個鬆，有一個衝。有一個慢、有一個快。

　　在瑜伽的世界裡，有陰瑜伽與陽瑜伽（哈達瑜伽）的練習，一陰一陽對應了宇宙的兩極，對應了女人與男人，對應了溫柔與剛毅，對應了身體的內在感受和外在展現，更說明了萬物皆需平衡，不能只有陽的力量也需要有陰的存在。我在陰瑜伽的世界裡，可以很沉靜地與自己在一起，每一個動作與肢體的延伸，透過吸氣伸展、吐氣放鬆的過程裡，加強著平日有待被開發擴展的地方。如同生命的學習，似乎越不明白的，越無法穿越的事情就越要去練習，讓生命的學習裡有更多彈性的空間。而且我在陰瑜伽的世界裡，更加明白了，連放鬆都需要去學習。

　　放鬆，何其容易，必須要先覺察到自己還有一丁點控制的

想法，才能叫自己鬆手。必須要先看到自己還在追求完美的企圖裡，才能在吐氣中，放掉緊抓不放的迫求。

在柔軟度的練習裡，必須持有耐心，看著僵硬的筋骨，在一次一次的延展中，給予自己很深的願意，願意在每一次練習裡不疾不徐地，讓身體有那麼一些些的進步。必須真誠地看見自己的身體，有被用心照護或有被忽略的情況下所表達出來的聲音。必須確實的感受，感受自己的真心，是否流露在每一個動作體位裡，然後對自己用心，也對自己用情。陰瑜伽這柔性的力量，代表了女性的溫柔、舒緩、平靜、延展、空間、彈性、包容、堅毅的特性，是一種非常往內看的瑜伽練習。

在陰瑜伽的練習下，我也接觸了陽瑜伽的洗禮。陽瑜伽這剛性的力量，代表了男性的毅力、鍛鍊、自我實現、展現、開創、堅定、勇氣與肯定。在陽瑜伽的練習中，我連結到身體的結實有力是來自肌肉群慢慢被鍛鍊起來，以及身體的動能需要靠意志力來鍛鍊提升。

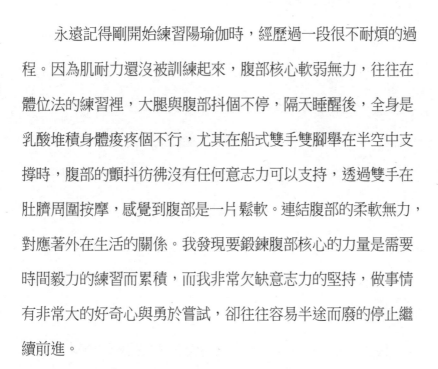

　　永遠記得剛開始練習陽瑜伽時，經歷過一段很不耐煩的過程。因為肌耐力還沒被訓練起來，腹部核心軟弱無力，往往在體位法的練習裡，大腿與腹部抖個不停，隔天睡醒後，全身是乳酸堆積身體痠疼個不行，尤其在船式雙手雙腳舉在半空中支撐時，腹部的顫抖彷彿沒有任何意志力可以支持，透過雙手在肚臍周圍按摩，感覺到腹部是一片鬆軟。連結腹部的柔軟無力，對應著外在生活的關係。我發現要鍛鍊腹部核心的力量是需要時間毅力的練習而累積，而我非常欠缺意志力的堅持，做事情有非常大的好奇心與勇於嘗試，卻往往容易半途而廢的停止繼續前進。

　　手腳偏冰冷的我，身體的溫度也比較偏低，透過每一天的晨間瑜伽練習，專注而緩慢地加長鍛鍊停留的呼吸時間，漸漸地找回身上的肌力，身體感覺到比較不會怕冷、手腳也不再像以往容易冰冷。

　　瑜伽絕不是體位法的練習而已，瑜伽更是一項內在的自我

問候 自己，你好嗎？

修行。修練平日肌耐力的不足，修練以往的無法堅持，修練時常的沒有耐心，修練每日的煩亂思緒，修練與自我的一切關係。

每一次在陽瑜伽鍛鍊的過程裡，看到自己從焦躁、憤怒、不耐煩、容易喊累的心性裡，轉變為願意培養鍛鍊堅持的耐心，就算雙腿與腹部核心在挑戰高難度的體位法裡，肌肉依然會顫抖個不停，但我願意去練習。我想自信的培養是來自自己知道正在努力付出並且朝向著目標邁進，而肯定自己、讚賞自己。哪怕只有進步一丁點，但那顆願意的心，是不容許也不需要被評分地。

讓生活在柔性的過程裡，因為放下追求完美的控制，才能放鬆自在地依直覺進行。在剛性的過程中，因為專注目標而心無旁騖地全然投入，辦起事情將更有效率。我在瑜伽的練習藉由身體的帶動，引導心靈的轉變，由呼吸的調節，轉往專注的意念。

慢與快、柔與剛、陰與陽，我選擇用欣賞的角度，來看每

一個不同面向的自己。而生命的美好發生，一切要從「我願意」開始。

問候自己‧一同練習

一、伸展練習：透過瑜伽連結你的身──體位法練習：樹式

1. 在山式中站穩於地，保持尾骨內捲、腹部內收、脊椎往上延伸、將腹部核心力量帶至胸口，讓肩膀往後往下放鬆，並將眼睛視線專注在前方一個定點上。

2. 將身體重心移至右腳，左腳往旁邊打開、膝蓋彎曲，讓左腳掌來到右腳踝的內側、或是右小腿內側、按照個人程度，可以的話讓左腳掌來到右大腿內側。（為避免受傷，不要把左腳放在右腿的膝蓋處）

3. 雙手來到腰側兩旁穩定身體，並將注意力來到左腳腳掌

緊貼右大腿內側，產生抗衡作用。

4. 讓雙手從身體兩邊高舉過頭，手臂腋下轉向前方，讓後背肩胛往外打開。想像雙手像樹枝般地朝天空延伸，讓身體在平衡中停留幾個深呼吸與深吐氣。

5. 透過一個吸氣讓雙手十指輕輕交疊，吐氣時雙手合十下行於胸口之間。

6. 讓左腳先轉回到身體前方，再輕緩放回於地板上。雙手從身體左右兩旁慢慢放下，換右腳做樹式練習。

二、透過瑜伽連結你的心：

在樹式中，左右腿的平衡將讓你看到左右邊不一樣的自己，用欣賞的角度去看你陰性的柔情與陽性的直率、你是擁有敏銳的心靈或是糊塗的粗心等不同面向。如同欣賞一棵樹，樹枝的延伸、如何地搖擺、樹幹與樹枝的粗細等等都在同一棵樹所呈現出來。每一棵樹都如此的不同，卻一樣地靠著天地之間

的陽光、空氣、水在呼吸循環著，日漸茁壯。

　　讓雙手合十於胸間，好好讚嘆在這人世間所體會到各式不同的體驗，才有機會發掘到原來自己有各種不同的面向，從新探索自己一遍。

三、透過瑜伽連結你的靈：

　　將雙手手心朝上平放在盤腿的膝蓋上方，將背挺直微收小腹，在輕閉雙眼中，給自己七個緩慢地深呼吸。將注意力放在心輪（兩乳中間），想像一道綠色之光在心輪照耀著，透過「我愛」我自己來連結心輪的感受，擴大對萬物的感恩，才能體會到生命真正滋養著你的感動。

心靈瑜伽領悟：

　　從瑜伽中學會放鬆——身體唯有在懂得放鬆時柔軟度才會增加。生活唯有懂得放鬆，不急於奔命才能走更長遠的路。在放鬆中讓柔軟度增加，對於人事物的包容性與彈性度也會更加擴大，並真正懂得何謂傾聽與尊重。

學會信任，才能放鬆

Chapter 4

Stand like a mountain

Chapter 5

蛻變來自不斷的 熟 練 !

How are you doing lately?

把愛對方的眼光先專注地放回來自己身上，
熱愛自己一切喜怒哀樂的人，
對方肯定也一樣熱愛著你。

不論是喜悅地分享還是生氣的指控、失落的難過，
透過情感的交流，
彼此的關係才會帶來溫暖真實而富有力量。

第一節
流露情感

　　人與人之間最美的互動是情感的交流，世界的美好是來自於愛的情感在流通，動物之間如此、植物之間亦是，山水之間更是情感的綿延與訴說。包括沒有生命的物品，即使對它表達珍惜感謝的情誼，它都會為更加地延長它的使用壽命。

　　一首好聽的歌，來自演唱者全然投入的情感。一支動人的舞，來自舞者內在感受愛恨交織的流露。一份事業的推動，來自有心人士全然投入理念的傳遞。讀一本書，若只有讀到文字，而沒有筆者流露的情感，這本書就只有文字的呈現。一場電影，若只有看到表面的場景與卡司，而無法看到電影裡頭帶出來的

傳達，這電影就只是眼睛所看所接收的呈現。一份職業，若只有打卡上班或下班，安份領著薪資等待下一份被指派的任務，而無法透過理念來共同打拼朝向的理想，這職業就只是一份以物易物交換的概念，可惜了共搭一條船是為了幫助彼此到達更美好的對岸。

　　情感，是讓生命有更深一步的層次體會，也是用心體會的真正表露。是一份真心的傳遞，而不是言語的華麗。書寫一本書更是，讀者會被感動是因為與作者的內在有所觸碰有所連結，而不是文字呈現的專業艱深或奧祕。生存，是不需要思想邏輯的，是不用情感表達的，只要照顧好吃喝拉撒睡的生理需求，就是活在世界上了。但是生活，是需要思想充滿的、感受真實的、情感傳遞的，無論對自己或是對外人，情感的流通，帶給生命存在厚實的基底。

　　人生就像一場電影，從早晨一起床到晚上入睡時，眼睛的一張開、耳朵的一聆聽、雙手的一碰觸、鼻子的一嗅吸、嘴巴

的一入口，如果沒有特別留意去感受，它就只是眼睛看、耳朵聽、手觸摸、鼻子聞、嘴巴吃，而不是眼睛張開留意，耳朵聆聽感受，雙手觸碰傳遞，鼻子嗅吸連結，嘴巴入口品嚐。如同看電影的過程裡就會只是流於表面演員的演出，無法看到編劇在細膩的腳本想要帶出的議題。

在瑜伽伸展時，透過願意付出，肢體延展與動作變化讓身體血液能更加流動順暢，透過情感投入，才能連結身體由內誕生出真正的感動，才能聽到身體在在對你訴說。然而，我也曾經無法表達內在真實的情感，明明在一段關係裡感受到被忽視的對待，有種很失落的失望感，但是在兩人相處上還假裝沒發生什麼事、我沒有受傷、也沒有難過，極力想維持表面上的和平與一切安好的關係。只為了不想爭吵、誤解以愛為前提，自己都可以忍耐過去，而讓關係中的愛人始終摸不著頭緒，對方很想關心你，但卻又難以親近。

感受不會騙人，感受是真切的。

感受不會騙人，但有時真相不是你所認為的。

2013 年的深夜裡，在入睡前與當時遠在他鄉的愛人通著電話。當時的他在低潮的情緒裡，聽到我也贊成他母親的說法，覺得找份工作對他在生活上多少能有金錢的收入而突然勃然大怒。直言地說，我們的關係到這裡就好了，接著掛斷電話，回撥電話他再也不接。我心急著，為什麼讓我多說幾句看法都不行，就要直接切斷關係？我傷心著，難道我們的情感就這麼樣地不值嗎？就這樣在半夜裡，我獨自一人坐著客運南下，六個小時的車程後再加上轉搭火車到了愛人的家鄉，卻不知對方家裡的正確地點，只好硬著頭皮再次撥打電話給他。我說著正在哪個轉角等他，麻煩出門來接我回家。

早晨艷陽下，坐上車時氣氛卻整個凍僵。對他示出的愛，換來是嚴厲、凶惡、生氣、不屑、推開的對待。我的感受是真的難過、真的心痛，因為喜愛他的本質，明白他的故事，所以不論他的狀態如何，遇到了什麼事，我都希望能成為他的支柱，

有一份陪伴他的力量。但是每次換來的卻是令我覺得自己好不值，好差勁、好失敗……，這種感覺是很真切的受害者情節，指控著「是他」對我造成的傷害。

但是重新面對這感覺，這回發現「真相」並不是如我所想得那樣！在書寫的同時，我仔細地感受著「那一刻的他」對我所發的脾氣、給我難堪的臉色以及所說出惡劣的話語，真的是他真心想要這樣對待我的嗎？還是「那一刻的他」對於自己感到相當的無能為力，一整個只想放棄，把自己丟在深深地谷底？再次面對這個令我每回想起就感到受傷的畫面，我告訴自己讓這些畫面暫停，讓這些片段再次緩慢播放，他對我的暴怒，是真的有心要這樣對我？還是他的暴怒來自於對他自己的怒氣？

緩慢幾次的深呼吸中，發現當時的感受雖然是真的心痛，但那還是對應到原本就容易感到的失敗以及我不夠好的心態。當我知道他絕非是有意要這樣對我，那份混亂糾結的心鎖、受害者的情結就頓時自然鬆開……

第二節
形象的制約

原本以為「在意形象」這件事,是結束學校生涯後進入社會職場才開始有的,仔細想想,原來在學生時代談戀愛時,就開始有制約的形象問題存在。我知道人在一生當中會扮演許多種角色,我是父母親的女兒、是外公外婆爺爺奶奶的孫女或外孫、是學校裡的學生、是誰的朋友、是誰的女友、是誰的姑姑、是哪間公司的職員、是哪間公司的主管、是哪間公司的負責人、將來又會是誰的母親、誰的外婆或奶奶?

原來角色和形象是兩件事情,藝人常笑著自己說有形象包袱,而我不是藝人,卻常常也困在有形象包袱的制約上,總覺

得女孩子要有女孩子的樣子，雖然我的個性不是大家閨秀，但也要有氣質，說話也要有涵養吧！過去我不走搞笑路線，或扮醜路線，因為對自己原本信心就不足的我，更擔心搞笑扮醜久了會被定位在一個丑角。然而現在丑角當道，能夠帶給大家歡樂又深刻的印象，是件多麼棒又不容易的事啊！

我想每個人的心裡或多或少都有一個期望中的自己，那是帶給我們成長的動力。就我而言在期望中成為的自己，除了期望自己做到什麼樣的體驗或成就，還有想要成為期望中頭腦所設定的那個樣子、那個輪廓。擁有那樣的氣質，無論是聰明、美麗、高貴、有氣質、有內涵，還是好脾氣、溫柔、溫暖、幽默等等頭腦所定義的美好追求。然而這樣的追求期望會更容易讓一個人沒了自己，越是刻意表現，行為就顯得越不自在，越是想追求符合社會的價值觀，生活就越將是辛苦困難。

成為期望中的自己，這方向應該是校準在此刻哪些好想體驗？並且想體驗到哪個程度？是成為經理？還是作者？是舞者？

還是老闆？我想這會更具有意義。並在過程中檢視自己，是不是很容易悄悄地給自己設限，或給自己好多制約。制約這個來自頭腦的聲音，總是讓悶騷的我對於一些新體驗，沒做過的事情，明明心裡有渴望，可是腦袋說 no，不可以。這「不可以」之下，有很多是來自覺得這樣就無法成為母親眼中的好女孩，或是不想出糗、動作擺醜，或是搞笑時不想讓外人看到，因為始終擔心這樣一來，別人會不會不喜歡我？

這些都是自我設下的評斷，只將眼光專注在別人的看法。有趣的是在十六天的瑜伽師資培訓裡，我與同學們每天二十四小時地相處，我可以清楚地覺察從我內在看出去的他們，即使有任何地出錯或出糗都覺得沒關係，最多就只有「好可愛」的感覺。若是同學搞笑、動作擺得很大、很醜，我們也只有覺得好佩服，很讚嘆他們的犧牲演出，無論表現的好或壞，這個就是他／她，也是最真實的他／她。所以反觀省思，我只要真誠地表達我自己，不論是表現是好還是壞，其實都沒有關係，那

都只是那個片刻的我自己，都是我其中的一個面相而已。

　　省思過去的感情，我居然也是朝向目標導向在戀愛著。愛上一個人與他交往，我會在內心先對自己說，我要做一個很棒的女朋友，於是我對「很棒」下了定義。要溫柔、要體貼、要會照顧、要會傾聽、不要亂發脾氣、要懂事、要獨立、要懂得撒嬌、要能讓另一半帶出場是感到驕傲……身材要好服裝要會搭……我要做一個很棒的女朋友，會讓他愛不釋手的女朋友。所以我不能發脾氣、不能嘮叨與囉嗦、不能生氣憤怒、不能無理取鬧、不能懶散什麼事都不做，否則他會不愛我。

　　發現，原來談起戀愛來，我對自己好苛求。

　　苛求的背後縱然是在乎對方的感受，但隱藏在裡頭的是恐懼——深怕沒有做好，就得不到對方的喜愛而失去對方。所以先前二十出頭所談的戀愛，會有一種出外約會要正經，展現美好，回到家才～呼～的一陣輕鬆感襲來，雙腳亂翹地抬放在茶几上，整個人才可以放鬆下來。現在回想起來當時的關係有多

麼地不自然與不自在。

我是真的愛這個男人嗎？這男人是真的愛我嗎？我真的明白什麼是愛嗎？

談戀愛會累人且無法自在，是因為這中間有太多的擔憂與不信任感。不斷地要求自己刻意展現出最佳的那一面，但那卻是靈魂最空洞的表面。把自己的心情、思緒包裹得層層疊疊不敢外露，無法以真實的自己呈現在對方面前，就算是觸摸到彼此的身體，也觸摸不到彼此的心靈。最後也總是無法愛到深入，無法進入彼此心靈的核心，這段感情最終注定要面臨背離，兩人分道揚鑣說聲再見，然後離場而去。

所以有人說，能在另一伴面前展露你的不堪與脆弱，這段感情是幸福可貴的。能在另一伴面前搞笑、出糗、挖鼻孔、放響屁，舒服自在的感受是最享受的。在進入心靈成長之後，漸漸地我才明白在愛人之前，要先學會愛自己，喜愛自己的喜悅、憤怒、哀愁、快樂，喜愛自己優點的展現，也無需害怕缺點被

看見。這是信任自己也是信任對方，信任這段感情而沒有控制擔心或害怕。把愛對方的眼光先專注地放回來自己身上，熱愛自己一切喜怒哀樂的人，對方肯定也一樣熱愛著你。不論是喜悅地分享還是生氣的指控、失落的難過，透過情感的交流，彼此的關係才會帶來溫暖真實而富有力量。

第三節
不再自我矮化

　　每一個國家風俗民情都不一樣，台灣人很流行算命與改名字，即便在剛出生時就透過算命先生來命名，往往在出社會遇到不是很順利的時候，就會再找算命師來看看自己的八字，請命理大師研究紫微斗數的名盤與姓名學來增強自己的運勢及能量。在我成長中也有一段日子特別地想要改名字，渴望透過改名讓自己的未來能夠更前途光明。尤其在幾位懂紫微命盤的朋友說了我的名字一定要改之後，讓我更加深不喜歡自己名字的烙印。

　　從電話的另一頭要預約房間或是報名講座留下姓名資訊

時，我總是說著中間本名的「姿」是偶像歌手「孫燕姿」的姿。其實「次女」姿的說法更適合我，因為在家中我就是排名老二，而我也不喜歡用「姿色」的姿來述說，那給我有一種重視外表的感受。朋友因此還說「姿」有可能會成為人家的二老婆！雖然當下我是急著撇頭說不要，但是不知不覺地又再度聯絡上當時已離婚卻還是有情感糾結的有婦之夫，然而這一切在內心裡的自我嘮叨，是否能看出內在十分批判自我的感受？

我不喜歡用次女「姿」來介紹自己，那是來自於內心對於任何層面都處於老二、第二名、第二位的想法，令我感到失敗、沮喪、不夠好的狀態。當時的我並非明白老二哲學的精神涵養，回首過往那段不明白生命是何其偉大的時光裡，竟是如此與自己對抗和掙扎。

從小家庭環境不算優渥，母親曾是咬緊牙、捱著苦的把兩個小孩子養大，母親常稱讚我非常好養，每回姊姊都喝正常比例的奶粉沖泡牛奶，而我都只需喝一匙奶粉加上一大杯水，沖

蛻變來自不斷的熟練

Chapter 5

泡成「奶水」就可以長得健健康康比其他人都還要勇壯。孩童時代裡，家裡的管教讓我成為聽話的孩子，通常父母、老師說什麼我就乖乖地照做，不會特別調皮或提出不同的想法，更不敢違背父母的心意。在學生時代裡個子不高的我，老師們常在評分表裡寫下乖巧懂事的評語，當一群人在聊天打鬧時，我也發現了自己並不喜歡當主角，或是發表不同的意見。喜歡一個人在一旁靜靜聽著他人談論任何的高見，而我選擇在一旁聆聽並點頭認同。有活動要表演演出時，也覺得當名綠葉來襯托紅花更顯得輕鬆自在。甚至兩個女生喜歡上同一位男生，都會覺得對方肯定比自己還要出色。

次女，讓我感覺到永遠在別人心中是居於第二個位置。「第二」的重要性，油然而生的是一種可以被取代，很深的失落感覺。這樣子的心結，想想在任何關係與事件上怎麼會帶來正面良好的反應呢？而這樣子的心情，更是把自己的重要性擺在後面，思考問題時也總以他人需求為優先，把自己的需求放後面。

問候 自己
你好嗎?

我知道,當一名綠葉可以襯托出更妖豔的紅花是美事一件,但那並不是真正出於內在的喜悅。想起小時候那段學習舞蹈的時光,老師稱讚情感相當投入的我,總是叫我到同學前面去表演示範。在中學時,特別喜歡英文的我也當過上下學期的英文小老師,在講台前為同學服務考題的解答與早晨的進修。回想小時候那個作文題目「長大後要做什麼?」的願望,我不是穿著母親的高跟鞋在白板中亂寫一堆的,想當一名老師嗎?只是我再也想不起來打從什麼時候開始,對自己越來越沒有自信,開始習慣隱藏自己,不願再站出來?

那一段「有空記得要多看書」的初戀,更讓我將大多的原因歸咎在「我不夠好」的立足點上。這個要命的結論與信念在我一路成長中各個面向裡不斷地播放著、重覆著,仔細回想那時的他也許以為這只是一種黑色幽默,但對應了當時在感情裡因為比較和競爭下而無法對自己有所信心,無法對感情保持相信。

蛻變來自不斷的熟練

Chapter 5

　　那段想改名字的日子裡，探究更深的原因是很想換掉當時的自己。

　　然而在一路心靈成長的學習過程中，我願意去明白「存在」真正的意義，用心去體會每一個人都是上天獨一無二的創造，再也找不到相同的一個人。即使是雙胞胎也都有不一樣的思想與個性，沒有人可以模仿，更沒有人需要去比較。現在的我願意花更多些時間去關注在那獨特的美好，打開眼睛願意去看見本質上的優點，即便是缺點也開始能夠接納、包容，甚至勇於去突破與穿越。

　　我明白了在愛情之間一定要先愛上自己，對方才會真正的愛你。

　　先前的老二心態，喜歡當綠葉襯托紅花，或非常願意地只當個傾聽者不分享自己的狀況，這僅是一種在思想上習慣的慣性和重覆的模式，並不是相當正確的。當我連結真心聽到內在

至高無上的聲音說著：「趁早把這老大、老二的重要排序拿掉吧！」屏除比較競爭的負面情緒，這些排序對關係並沒有任何幫助，對內在更無任何滋養，去看見「強調自己的價值」也是一份抓住、一種渴求，一定要在對方的重要性排序上成為前幾名，彷彿才看得到自己的存在感，這豈不是也本末倒置嗎？重新把焦點轉回來，好好地欣賞自己，專注自己的善與愛，放掉抓取與執著，人生才會輕鬆自在。

後來明白當我們給予一項物品有特別的涵義，那件物品就會有其特別的力量。給予一件事有正向的連結，這件事就將令人更欣喜歡愉地想要再次體驗。若給予它負向的連結，恐怕當事情還未開始前，就已設定它不會有美好的呈現。於是改不改名字對我來說，已變得不再重要，我更加敬重老二哲學裡那具有謙遜而深厚的精神，其中高貴良善的美德。

懷著來台北體驗生活並擴展生命的意圖，我深深地希望有朝一日能蛻變自己，然而慶玲老師的生命教導也時常在耳邊提

醒著——改變是自動發生的事情。因此我放下想換掉自己這個念頭，積極地在下班或休假之餘，去參加有興趣的演講或活動。縱然我的眼睛會專心地注視著主講人並投以羨慕又崇拜的眼光，尤其當主講人說著她以前也是個害羞型的人，是透過一次又一次的上台練習，讓她今天可以在台上不緊張，這令我更有股為自己加油的動力，也化為一股力量讓自己更加有信心。

　　一個人對自己沒有自信，就容易把自己的角色定位在醜小鴨的位置裡，渴望有一天能夠蛻變為天鵝。其實哪有需要等到那一天的來臨呢？在心中調整狀態，一秒就可以成為天鵝！不需等待奇蹟的降臨，其中的奧祕就在於「我究竟把注意力放在哪裡？」慶玲老師在〈公眾演說〉的課程裡有提到——溝通是兩個人之間的互相交流，演說則是兩人以上的互動對談。當演講時會感到緊張不安，可以閉上眼睛問問自己，究竟我是關心對方是否聽的明白，還是我只關心自己表現的好壞？我相信如果一味地只在乎自己的表現、自己的說話，把關心只放在一手

一投足中是否有完美的演出,而不關心對方是否聽得懂、對方有什麼想法和感受,這種溝通不僅沒有交流,自己沒有全然投入在那個當下,去經驗交流互動的品質過程,根本就不會發生經驗帶來的種種美好。

現在每個人都有智慧型手機,都會下載即時通 Line、We chat 或臉書私訊,可與對方即時聊天傳遞訊息,更可以設立三人以上的群組,有什麼事情可以在群組上一起交流,如同公佈欄一發表上去大家都收的到。

往往,有的人常常是已讀未回,讓人摸不清楚到底知不知道這個訊息。而我也會有已讀不回的情形,但那卻是因為我不知道該說些什麼才是適合的,才是正確的?以至於大家在溝通一件事情,我卻像個空氣,讓對方感受不到我的心意與想法……我知道我不想變成空氣,更不是不在乎朋友,但是我的所思所想,所在乎的都專注在我的表現是否優良、這些話說出來是對的還是錯的,我害怕在在乎的人面前說錯話或帶來衝突,但卻

忘了情感交流的真正本質——就是把大家內心的想法在同一時間裡表達出來，真實簡單如此而已。

上台公眾演說亦是，在台上拿著麥克風如果只以自己為出發點而沒有考慮到對方，關心或在乎彼此之間的關係品質，只專注在自己的表現上是否完美，是否夠亮眼，注意力只放在追求成功的目光上，就無法全然地投入在整個過程裡，會想要控制，控制不准出錯，不准有任何的意外發生，一定要按照計劃來演出並且步步精確。當專注在表相的演出，又如何將情感真實地流入？觀眾到底是來聽演講者無私的分享，還是要他們來看一場秀？

生命之路以及內在曾有的明確意圖，如同一道灣流，曲折蜿蜒後還是會回到當初由衷的夢想。我確實地感受到生命之流無法被刻意安排與控制掌控，但是一路走來所學習所接觸的，都在生命裡無時地會再派上用場。我提醒著自己，當想要控制一切完美演出時，頭腦的小我介入太多，就無法讓生命之流來

帶領一切，使其自然順暢有自己的旋律。人生不同於演一場戲，可以一再地喊卡重來，倘若事情沒有照著版本走，是否因此要大發雷霆或信心重挫？還是要加以批評整個過程，擴大哪裡進行得不如預期美好而嘮叨？事實上，很多的不安及恐懼都是因為把焦點放錯了，把頭腦裡的「小我」放得太大了。當有煩躁焦慮不安時，請再次給自己很深的三個深呼吸，讓自己在表達與溝通的過程中先拋出「我信任」來放下擔憂。相信生命恩典會給予一切最好的安排，只要全然地投入去經驗、去體驗、去感受，每人都是恩典的管道，提醒自己撤除所設下的層層柵欄，一切都將是最盡興的演出。

第四節
心口合一的真實

　　在身體奧祕的七大脈輪中，第五個喉輪超越了身體限制的層次，透過言語的溝通可以互相表達彼此的感受，透過科技的發達，手機與網路電話就能讓隔著海洋的另一頭彼此可以因為聲音、語言的對談而交流情感，傳遞訊息之間沒有距離。

　　語言也顯化形塑著未來，當說出「我想看你手上的書」，對方就會把書借給你看，當你對自己說「我做得好棒！我很認真很用心！」，內心就會湧起十足的愉悅感、自信感，當你說著「我好差勁、我好失敗」，彷彿全世界都對你唾棄避之不及，而將會感受到全世界真的都在批判你、沒有存在感、做什麼事

都不如意。

尤其在慶玲老師帶領的何謂「真實」之下，我更感受到，喉嚨位於心與腦的中間橋樑，表達了心裡的感受與頭腦的思想，而整合出的語言，具有相當神奇的力量。

從小肺部支氣管較為虛弱的我常常不時地咳嗽，母親總是費心地為我熬煮薑母茶，帶去看中醫調養身體，近二十年的時間我已感到肺部完全地健康、喉嚨也不再容易咳嗽。然而走進芳療的世界接觸了身心靈的成長，發現在工作中每次需要客人買按摩的套組課程或是精油的特價優惠，關於業績的部份時，我總是覺得喉嚨就是卡卡的，好像有痰在喉嚨中間，哽住地讓我想咳卻又咳不出來，或是講話講到一半，喉嚨非常癢地需要中途跑去化妝室躲起來，連續咳咳咳地好像要把整個肺都咳出來才行。為了喉嚨的不舒服可真的是傷透腦筋，但我發現，如果是休假的狀態或是出外遊玩，此時的身體狀態可說是健康百分百，喉嚨完全沒有任何哽住的感受，也不會有想要咳嗽的感

覺。

踏入了心靈領域中，才知道到身心合一的祕密與重要性，身體的所有反應皆透露著心裡的祕密，原來當內心有了一堆感覺想要透過喉嚨流經出來，卻被頭腦的思想給壓抑住時，能量就會被卡在中間，外在身體就會呈現喉嚨有東西哽住在喉嚨的感覺。

能量無法流通不僅內心不會感到舒暢，思想在腦海裡依舊盤旋不斷。必須學習觀看自己究竟為何不讓內在之流呈現出來，是否有其他任何擔憂？

誠實地面對自己究竟是想壓抑，還是想隱藏意見或想法？無法順著自然之流表現出來的都不是真實。真實是一個人心裡想什麼與頭腦想什麼合一說出口的狀態，如同嬰兒餓了就會哭，餓到激動就會叫，可是長大後我們大多都被制約給深深地限制住了，開始在意別人的眼光，擔心自己做得不好等等一堆耗能的價值觀，無法真實的做自己！讓自己活得一點都不輕盈，好

費力的人生！

　　過去，我是個悶騷的人，與好友相聚飲酒時總要有點茫醉才會開始熱情起來，甚至帶頭炒熱氣氛。

　　學習活出內在的真實是我長久以來重視的功課，因為想成為表裡如一的人，不是內在很熱情但外在冷冰冰，或外在很熱情但內在根本不想連結，精神與人格上的分裂讓內在無法合一、和諧的狀態，知道最後會引起身心失衡的問題出來。

　　回想起那天與慶玲老師和老師的先生煌元哥，還有馬來西亞的朋友來台灣，我與安姐姐跟大家從宜蘭到台北的一日遊玩。心儀已久卻木訥的 Adryseus 此刻就在我的面前，雖然就在前天晚上彼此已向對方傾訴了好感，但隔天坐在後座的我，內心明明好想碰觸並摸摸他的頭髮，但是一整天相處下來，我依舊把內在的一堆熱情壓抑的緊緊地，頭腦認為保持距離慢慢相處才不會嚇到對方。眼見大馬的朋友在晚上睡醒過後就要離開台灣回家鄉了，下次再見面不知何年何月了，我認真地回想了今天

一整天的經過，過程中有多麼的不夠真實不夠坦然，心與腦所感受的有多麼地不合一，如果在最後的時間裡沒有表達真正的情感，對方就這樣地離開台灣在我心中是否留下遺憾？

我跟自己說：「會的，我會遺憾的！」

於是在睡前特地撥了通電話，告訴他今天一整天不自然的反應和狀態，請求他見諒，告訴他我其實有多麼地想靠近他。不論對方聽完後會有什麼反應，但是胸口上悶悶卡卡的東西在我表達出來後就瞬間化為新鮮的空氣，內心舒坦，平靜而自在。

心口合一的真實，在友誼上也顯得萬分珍貴，也許一個狀況的發生造成了內心的不舒服，那就描述不舒服的感受來自於哪裡，讓對方明瞭是哪個部分有受傷的感受，對方就容易去明白而輕易地經驗你、感受你的不舒服，而過程中不會傷害到彼此之間的友情。真實的表達，內在就不會有委屈，有遺憾。

「表達」是為生命「發聲」，也為生命「發生」。言語有著不可思議的能量與力量，言語也形塑著說出的未來。去思考

什麼是內心真正所要的，朝向目標去執行去行動，頭腦的思緒就不會亂成一片而清晰。

同時也發現透過瑜伽的體位法來鍛鍊核心肌群的耐力，正也強化了心靈的堅持力與意志力，透過瑜伽的肢體伸展與拉筋，不僅讓筋骨更加舒暢柔軟，且讓我對於外在事物的發生以及與人相處之間更加擁有耐心與包容的能力。

我熱愛瑜伽，因為在瑜伽中可以連結身體，為身體表達最深的伸展 SPA，更可透過連結身體，能聽到內在種種的聲音。透過伸展、拉筋、停留、呼吸等步驟，心靜地、緩和地讓身心處在平衡喜悅的流裡，得到釋放與能量的補進。

例如下蹲後，腳跟靠攏合併踩穩於地面，膝蓋朝兩邊打開，讓鼠蹊處開髖伸展，不論哪一個動作在伸展中有感到特別地痠痛，那往往是隱藏了很多的情緒，需要看進內在是否這陣子忽略了善待自己？

在行走間、坐姿上，或平躺時是否有姿勢不良的現象，還

是對於周遭環境事物缺乏彈性度以至於身體硬邦邦？

我希望透過瑜伽的練習與推廣可以幫助朋友們至少一個星期好好與身體進行一次對話，在運動伸展中能連結身體，感謝身體，認認真真地看一次自己的手指頭與腳趾頭欣賞他們、讚美他們，感謝小腿、膝蓋、大腿是如何地支持著完成每天必需的行動。

至少一個星期一次好好地自己為自己按摩頭部，眼睛、耳朵、頸部、腋下淋巴、鼠蹊淋巴、腿部膝窩、腳趾頭等觸碰，表達對身體的感謝，而不假他人之手。

宇宙法則中「你怎麼給出去的，都將怎麼回流於你」這句話適用於每個關係層面上，我覺得身體亦是，若覺得身體本來就應該就聽差使喚的，當身體被操壞時就換做他來使喚你了。若能對身體表達感激與珍惜，身體自動會湧現喜悅能量，不讓你感到疲憊與產生疾病的折騰。

讚美，是世上最具強大吸引的磁力，身體的每一個細胞都

擁有記憶，若能每天或一週固定一兩天能給與身體好的鼓勵與回饋，細胞DNA產生正面指令傳遞及負能量調解轉換得到良善喜悅的共振，必定讓人精神飽滿，生活更加順心愉快。

問候自己‧一同練習

一、透過瑜伽連結你的身——體位法練習：貓式

1. 在瑜伽墊上，先來到四足跪姿桌子式。雙手在肩膀正下方，十隻手指頭往外張大，手心穩穩貼地，膝蓋分開與骨盆同寬，大腿和地板呈垂直九十度。

2. 在四足跪姿桌子式中依然保持尾骨內捲、腹部內收地緩慢呼吸。

3. 吸氣時，腹部慢慢往下朝向地板延展，尾骨漸漸朝向空中，頸椎以脊椎為延伸地伸展喉嚨。眼睛視線朝向前方，並且記得將胸肩挺出。

4. 吐氣時，腹部內收尾骨內捲，彷彿有人從腹部中央將脊椎往上提拉，雙手與腹部核心此時有力地讓背部呈現圓拱形狀，放鬆頭跟頸肩，讓下巴靠近鎖骨，持續保持呼吸與吐氣。

5. 再讓脊椎緩慢放平，回到四足跪姿的桌子式。

二、透過瑜伽連結你的心：

五、貓式
像貓咪一樣地，對自己探索與好奇！

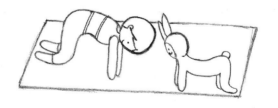

啟動腹部核心力量，來延長脊椎的伸展與喉嚨的釋放，如同將軀體之內的理念與思想，透過胸肩的敞開，關注在給予對方的焦點上，用心輪去發聲，將會更有自信地完整表達思想而清楚陳述。

三、透過瑜伽連結你的靈：

將雙手手心朝上平放在盤腿的膝蓋上方，將背挺直微縮小腹，輕閉雙眼，給自己七個緩慢地深呼吸，將注意力放在喉輪（喉嚨處），想像一道天空藍的光芒在喉輪照耀著，透過「我說即我是」，感受語言的力量。透過喉輪的藍色之光，去連結如海洋綿延般的情感，如天空寬廣般的晴朗，讓喉嚨可以放鬆的、不控制的、讓頭腦所想和內心所望的合而為一來表達情感。

蛻變來自不斷的熟練

心靈瑜伽領悟：

　　從瑜伽中學會熟練的力量──身體的柔軟度與肌耐力都是一次一次透過練習，持之以恆就會看到的成果。成就也是來自一次一次熟練出來的結果，專注一件事並勤勞練習，中途不放棄是最重要的學習。

Chapter 6

專注內心的 渴望！

How are you doing lately?

人與人之間，若能處在良善正面的競爭，
便有助於彼此的成長，
若是陷入負面的比較，
那麼只會耗弱自己更多的能量。

糾結不安的心在靜心之中可以看到解套的方式或答案，
看到內在黑暗空間裡多了一道出口。

與身體對話，與內心對話，與內在至高無上的神性對話，
只要願意靜下來聽，必定都會得到回答。

第一節
與自己相愛

有時與朋友聊天，大家都在稱讚某一位朋友的表現時，我也會頻頻加以點頭稱讚，或是在臉書、Line 群組裡，圖貼按讚，留言表達內心覺得好棒的小崇拜。有趣的是，我發現當我稱讚朋友所做的事情，表現得「真的好棒」，而我的心情是一樣地感到開心喜悅，為他真誠地高興而讚嘆，我會覺得此刻狀態也元氣十足、豐盈滿滿，不會覺得自己因此有被比較或是少了一塊。但有些時候也感覺得到，自己在稱讚對方表現「好棒」的同時，心裡有種酸酸的情形，眼睛夾帶著羨慕的神情，彷彿與這份喜悅隔著好大一段的距離。

專注內心的渴望

這時我能做的，是閉上眼睛覺察自己的內心，面對內在的酸葡萄，是不是來自於——此刻我並不滿意我自己。

人與人之間，若能處在良善正面的競爭，便有助於彼此的成長、激發彼此的潛能，若是陷入於負面的比較，那麼只會耗弱自己更多的能量。所以在每次瑜伽課要結束之前，我會邀請大家再次雙手合十，讓大拇指觸碰到心輪，感受此刻的心跳，緊緊地與自己在一起。這是覺察目前所在位置很重要的時刻，當一個人能滿意自己的時候，整個能量狀態都會是不一樣的意氣風發、元氣滿滿。當一個人不滿意自己的時候，請記得不要再給自己斷下任何的批判，那只會讓自己想要鑽進土裡，不想出來……

我總是特別喜歡優秀、優質、好的、有美感、有品質、有品味的人事物，但也相對表示著對於不優秀的、不優質、不好用、不美麗、沒有品質、沒有品味的人事物特別的敏感。過去的我挺羨慕有些人會明顯的把喜怒哀樂擺在臉上，因為我時常

讓心情的高低起伏維持在一定的水平上，不容易讓別人看出來。在關係上總是讓人以為沒有什麼事發生，但是內在衡量的尺忙個不停，想爭論是非對錯，對於不同面向有不同的看法與要求。無論是自己對待自己的關係，還是伴侶之間的關係，也容易因為下了「批判」，不僅讓自己進入沮喪，更將對方的力量抽乾，造成關係上的傷害。

尤其兩人在相愛的一開始，總是能輕易地看見對方身上的美好，一個小小值得被嘉許的表現上，就足以擴大成一個優點，每天特別地讚賞。隨著兩人在長時間緊密的相處之下，似乎也很容易將以前覺得算是優點的地方，漸漸地覺得那是應該的或是理所當然的表現。甚至當對方的思想與作為，不在我認同的範圍裡，就會很容易出現批判的聲音，覺得對方可以再表現得更好一些。例如：生活品質可以更有趣精彩一些，用餐進食可以選擇更健康一些，可以更加強運動訓練一些，但我摸著良心問問自己，我所要求對方的，自己又真的做到了嗎？

專注內心的渴望

Chapter 6

　　我真實的感受到這些期望的要求，都是在自己沒有做到情形下，才努力地要求對方要達到，如同俗話常說的，指責時都是只看別人，不看自己。我把這些追求完美的期許加壓在對方的身上，不僅內在隱約地嫌棄對方、更質疑著生命為什麼不能照著我的版本來計劃？抱怨著外在的顯化為何不如自己預期？然後一次又一次地失落在不符合內在要求的期望，這種無法掌控的無力感，時常讓自己陷入無比失望的狀態。

　　學了身心靈之後，知道不是要把所學到的一切，拿回家叫另一伴也照著做，把自己的思維強套在對方的身上。在瑜伽練習中我更深深體會到，肢體的延伸與肌力的鍛鍊，以及心靈的體悟都只能按照各自的速度與意願，盡力做到屬於自己的一百分。況且，誰說自己的想法與意見就一定是正確無誤的呢？為什麼對方就一定要聽我的，每回想到自己的控制慾，就必須再一次更深入地去反省，從「只在乎自己的需求」，再次轉回「尊重對方的需求」。如此內心的煩雜聲才會越來越小，越來越聽

不到⋯⋯

　　然而對他人是如此，對自己更是如此。如果沒有保持覺知，很容易就掉入到批判性的心理劇，看著對方表現優良時，就會對自己說我表現得很差勁。或是對方什麼話也沒有說，也許只是沒有特別的表情，但心裡的聲音就開始跟自己說著，自己表現得很差勁、說話很沒有說服力、哪裡還需要調整、還需要改進⋯⋯。又或者當自己在展現力量、完成一項作品、參加完一段旅程，都容易落入表現得「還行」、「還可以」、「這沒什麼好特別值得分享」的心情。

　　而我覺得「虛假」就在這裡！

　　如果我看不到自己身上的優點，我又如何能真心讚美他人的優點。我若看不到自己的表現優良，我又如何真誠讚美他人的表現。還是我只是口頭上羨慕著對方說好棒，沒有真正地為對方喜悅與開心，而內在裡又捅了自己一刀地評判自己。或是另一種情形，我覺得自己表現得很不優，責備自己到不行時，

專注內心的渴望

但對方同時發生一樣的事情，我卻輕輕地帶過告訴他這也沒有什麼大不了的雙重標準，對自己有這些的裡外無法合一的情況，內在就是感到好不平靜。

　　透過瑜伽的靜心時光，每當我看到關係裡又升起批判聲時，我會意識到以「愛」為前提，希望他能表現更好的背後，其實都是在滿足自己的需求或符合自己的期望，而不是真正為了對方好。其實每個人都不需要被改變，每個人的生活型態與生活方式形成了個人的特質，也是個人獨一無二的存在。學習尊重每一個獨立的個體，讓對方能自由發揮他自己，做真實的自己，讓彼此有各自享受真實自我的空間。我想人與人相處時，比較的心態是一定會有的，因為在一分為二的世界裡，就是有好便有壞、有美便有醜、有富便有窮、有高便有矮、有胖便有瘦、有新便有舊，這是一秒就能看得出的分別。但我祈求自己能超越二元對立以上，將重點放在於如何去經驗這個比較中，不帶批判的對錯，擁有單純的感受。

　　再次閉上眼睛，回到內在的小宇宙裡，把注意外在世界的眼光收攝回來到自己的心上，發現這一切的批判與控制都是來自我執的想妄，以及內在此刻的分裂狀態。若是執著在只有自己的認知才是對的，不允許超過答案以外的可能性，這也同時限縮了生命無限的創意。當自我內在分裂，向外看出去的所有一切也都是分裂。當自我內在寧靜和諧，所見之處皆是無比美好的呈現。

第二節
和自己對話

回首這一路走來,從書籍上,從電視裡,從影片中,從生活點滴之間,我能感受到被滿滿的愛包圍著,鼓勵著我往人生的前方邁進。同時我也樂於鼓舞他人,給予肯定的祝福,相信對方一定可以達成他的渴望。我喜歡聽別人說話,了解對方的想法,探索對方的內、外在世界。可是有時候也發現,我鮮少聽自己內在的聲音,了解自己的想法,探索自己內在與外在的世界發生了什麼樣的變化?

直到瑜伽靜心時再次看見,最近怎麼好像失去了感覺,對於喜怒哀樂失去了感受,冷冰冰的像是與他人疏離,也與自己

感到陌生。一個人如果不願意連結自己，不願意明白自己，不願意探索自己，那麼外在世界又怎麼會對你有興趣，想走入你的世界呢？這樣子是自己讓自己孤伶的，而且很有可能不願負責任地，開始怪罪對方或怪罪這世界好冷漠！但內在的良知會非常的清楚，是自己先對待自己冷漠，對朋友不關心的……縱然我也想跟自己對話，但偶而會跑出第一個感覺是「好煩喔！」同時我也驚訝著，我對待自己竟是如此的沒有耐心。

不願專注的傾聽，得不到陪伴的內在，上演著像活跳蝦般地跳來跳去，東摸西摸地無法安定，於是什麼事也很難完成，處理事件與經驗的品質就會顯得其差無比。而且看到自己身上有一個明顯的模式，與朋友在聊天時會關心對方，問候對方今天過得如何？是否精彩有趣或是平靜喜悅，無論如何我都會洗耳恭聽，而對方也會想關心我今天過得好嗎？想聽聽我的心情，而我總是回答說：「很好，今天過得很好啊！」就僅此而已。

有一回左腿膝蓋開始出現喀喀的聲音，沒多加理會地過了

幾天發現有些微的疼痛感了，想想這個年紀是要多補充膠原蛋白幫助膝蓋組織活絡，但是在身心靈的領域裡我知道身體是反映心靈很重要的外在呈現。嗯，感受一下，確實內在有許多不平靜、不和諧的聲音，所以在睡前我與自己做了一個對話，一個很深的連結。我最喜歡和自己的對話方式是把空間的燈光關掉，在視線前方點燃一盞蠟燭，讓身體盤坐在安穩的床上或地上，並確定好最舒服的室內溫度。如果感到有點涼意就在身上披件薄毯或圍巾，挺直背脊、手心朝下先放在盤腿的膝上然後閉上眼睛，深深地呼吸，讓自己深呼氣七次並覺知從鼻子吸進空氣，進入到身體哪裡，再吐氣出來。然後睜開眼睛，注視著前方蠟燭的心蕊，那代表著內在的神性之光，接著手心朝上表達著我願意敞開，對著內在的神性之光輕聲地問候自己，你好嗎？隨後拋出一個問題並輕閉雙眼好好地感受與聆聽。

　　雙腿幫助了行動的來去自如，也代表著面對事件處理時的態度，究竟是從容不迫地沒有擔憂，還是內在感到被困境卡住

而難以前行?我問著這幾天膝蓋的不舒服是來自於哪些原因?我發現到在這陣子的工作行程裡,我有著擔憂、煩惱以及害怕結果不如預期。這陣子的心情是一邊鼓勵自己,對自己喊話加油打氣,卻又一邊懷疑自己,在耳邊小小聲地對自己說:「真的可以做到嗎?」我形容那聲音小小聲地,是因為這陣子以來我不敢去聽這個的聲音,更知道不該去相信這個聲音,但卻變成了逃避這個感覺,不去正視面對這份恐懼。然後在內在裡批判了自己,怎麼學了這麼多,還有如此不和諧的情緒。

內在卡住了思緒便無法暢流,工作的ideas像乾旱的河川,所以膝蓋變得卡住無法順暢,發出喀喀的聲響來提醒我去注意內在發生。當我知道了原來是這裡卡住了,問問自己,如果這個案子的結果不如預期,那真的會怎樣嗎?答案告訴我,我不會缺少什麼,不如預期只是沒有到達想要的結果,如果最多只是面子的問題,那更是一點都不重要!

真正重要的是如何經驗事情的過程與品質。想起慶玲老師

專注內心的渴望

的生命教導:「什麼事情是我可以努力的,什麼事情是我不可以努力的!」當我清楚可以盡力的是全然投入這工作案子裡,但會得到多少人的肯定與讚賞那不是我可以努力的,也不是最重要的。如果只在意結果的好壞而不在意經驗的品質,那只會得到更多的緊張、控制和擔憂,而且追求成功的人內心永遠無法得到滿足的喜悅,因為人性的貪婪沒有停止的一天。

糾結不安的心在靜心之中可以看到解套的方式或答案,看到內在黑暗空間裡多了一道出口。我明白若是肯定內在的糾結不安的狀況是真的,那就認定腦袋裡所投映出來的幻相,幻相就會變得有力量來駕馭我的身與心,使身心感到越來越疲累,越來越無力。讓心靜下來可以透過靜坐的方式、透過繪畫的方式、透過創作的方式來與內在對話,將內在的所有感覺好的壞的,透過表達的方式讓它流經出來,如此將會更認識自己,更了解自己。與身體對話,與內心對話,與內在至高無上的神性對話,只要願意靜下來聽,必定都會得到回答。

第三節
君子有成人之美

「為自己的生命寫一本書」，紀錄生命中的點點滴滴，是一件多麼喜悅萬分的事情。人生一路走來，從小到大有好多好多的故事可以述說，可以分享，可以讓人因為你的瞥見、洞察、生命走來的體悟，無形地讓人有轉化的力量。我十分崇拜著那些有一番自己的家庭、事業，還能把生活體會撰寫下來化為一字字動人心弦的作者們，透過他們的文字或是圖畫，總是能帶給我一份正向、支持的力量。

而我在上完 2013 年慶玲老師〈療癒書寫〉的課程後，也期待著有一天會讀著自己親手書寫出版的作品。知道自己是屬

專注內心的渴望

Chapter 6

於短跑選手型的人，適合在短時間衝刺以達目標，如果越讓自己有充裕的時間慢慢來，肯定會一拖再拖，最後原本專注的視線又跑掉而模糊了焦點，所以給自己設定六個月來完成一本書。然而一個月過去了，兩個月過去了，三個月過去了，我的書寫進度因為寫到情感方面的回憶，每當想起來便覺得那實在是一段不值得提起以及浪費光陰的故事，抗拒著面對過去而停止了書寫進度。看著一起上課的同學一位一位完成作品而為自己感動驕傲時，我再次為自己重新設定新的書寫完成時間，再次鼓勵自己這次一定要如期完成，並在牆上貼滿全新的誓言。

然而一次又一次的宣誓依舊沒讓我得以實現，因為在這過程當中生起了比較心以及追求完美。每當訂完章節就開始一邊書寫，又一邊修改章節的標題，渴望能寫出更好的作品，逐漸朝向壯大自我的虛榮，失去了最純粹的初心。如同畫一幅畫，構圖與色彩所有的感受都在心中，可是邊塗邊修邊改，畫上一個顏色之後又嫌顏色不夠好看，再次覆蓋其他顏料，一層層地

交錯修改忘記最初在心裡的全相與感動。書寫版本經過一改二改三改，改到自己發懶，直說寫不出來，豐盈的感受變得乾渴枯竭，便再次把書寫計畫拋在腦後，把生活的重心移到了戀愛，專注在小情小愛、卿卿我我的細微上，以為生活有重心就是在過日子了，然而當我不愛自己、不重視自己的渴望時，不論工作、愛情或金錢都將離我越來越遠，越來越疏離。

　　不願意面對自己曾許過的諾言，內在便無法得到寧靜的一天。

　　愛自己，就是真正讓心安靜下來與內在做連結，將生活重心專注在想要體驗、想要實現的目標與想要擁有的關係品質中。過去我很喜歡收集勵志的文章，期許自己未來能夠實現美好夢想，但是往往收集了很多文章，閱讀不少成功典範的書籍，但總覺得自己與成功人士是完全勾不到邊的兩個世界。直到心靈品質透過學習成長漸漸提升，明確地清楚了能量的好壞除了正面的思考，透過靜心冥想連結內在，更要透過「行動」才能真

專注內心的渴望

Chapter 6

正創造生命的動能起來，讓日子過得有味而精彩。唯有行動才能走在邁向實現自我的道路中，而非在腦海裡一味地加油呼口號，讓自己瞬間能量充滿，但是遇到內在的瓶頸時，卻依然無法突破，用盡各式各樣的理由停止生命繼續向前精彩。

現在回想起來，過去的我因為偷懶不願意面對傷口，找盡各種理由和藉口，甚至隱藏自己的潛能而不願發揮出來，不願承擔該負起的責任，不願善待自己的生命，覺得非常地內疚與抱歉。在生命裡也向自己說過千萬次的對不起和抱歉，但愧疚感從來沒有給過我力量，反而只是讓我因為愧疚而更無法肯定自己去採取正確的行動。後來明白「懺悔」的功夫，看清自己一手做出的傻事與愚痴，反省自己在關係裡的種種瑕疵，正視原來自己有這些面向的問題，懺悔的力量是徹底的省思，帶給自己願意去面對突破困境的勇氣。

在一晚寧靜的深夜裡，想起了「君子有成人之美」這句儒家經典之語。中國人總會想著成全別人的心意，盡可能地去陪

伴、引導、勸說、鼓勵等等，幫助他人完成內在的渴望與心願。
我閉上雙眼問了自己，是否願意成全自己有美好的發生？唯有
真正願意允許自己，成全生命中的每個過程，才能從被動的角
色裡化為主動地為自己加油打氣。然而在完成事情的過程中，
也唯有當你全然投入與盡力，才能不計結果地了然於心，才能
不論結果好壞的，依舊感動著自己。

第四節
你有選擇權

　　紫色好，還是棕色好？花布熊好，還是單色熊好？猶豫不決的個性總是經常地讓我陷入苦惱，也讓電話一頭的好友等待我的決定等到快要火冒三丈，當我選定好要紫色的小熊後，下一通電話對方再度打來確定時，這時我又說想改選棕色小熊。若不是這位朋友對我夠了解，知道善變也是我的特質之一，不跟我計較，否則早就掛斷電話，或是被氣到受不了！

　　我時常對這樣的自己感到懊惱不已，只是發現這真的就是我，五年前的我跟現在的我一點都沒有變，也只能笑笑地接受自己怎麼能如此地猶豫不決。猶豫不決是在選擇上難以做出決

定，而相信直覺是一種判斷，也是完全傾聽並相信內在的聲音。

　　我喜歡在非假日的時光裡，獨自一人去探索城市尋找任何的新發現，來到一條不認識的交叉路究竟要向左還是向右，我卻可以毫不猶豫地選擇出一條路走，因為我相信這條路一定會到達要去的地方，就算真的走錯路了，那也一定有辦法再繞回來，並且相信曾經繞過的路，沿途的風景都會成為有意義的資糧。

　　「相信」基本上就是一種最純粹的作用力，如同是冥冥之中的指南針，不論走偏了，走遠了，繞歪了，相信了什麼，生命最終會促使你到達與發生。

　　想起當初在南部埋頭工作的我，期待有一天可以拓展視野擴展生命，相信來台北闖一闖地體驗生活會帶給我有不一樣的思想與感受，然而生命之流一步一步地為我安排好要帶給我的體驗，於是餐飲工作滿一年多，當我考慮著要為將來認真思考生命的意義時，一份天降下來的寶貴機會讓我承接了恩師的心

專注內心的渴望

靈空間，透過純粹的相信這份經驗將會是無價的資產，確定今
後的使命是幫助人們在身心和諧中，能發揮內在的無限可能，
可以有更多實現自我的擴展，在一條正確的求道之旅上共創美
好的未來，這是相當榮耀的使命感。

　　雖然經營心靈空間並沒有讓生命因此而大富大貴，變成金
錢富有的有錢人，但是在生活體驗上卻比以往多了好幾倍不同
以往人生的體驗，捫心自問是因為這當中還有太多的潛能與機
會，還沒有好好去落實與實現。

　　成立「純粹心靈療癒瑜伽空間」擔任創辦人的心情點滴與
思想的提升成長，這是原先做員工時難以體會到的，相當明白
豐盛絕不只是用金錢衡量，生活中很多的體驗，包括愛與機會，
它是用金錢的另一種方式來豐富我的生活。

　　若是遇到金錢困境的時候，去留意此刻的能量狀態，當
專注在匱乏、沒有、不夠的時候，我的能量只會停留在低迷停
滯的振動，可能會因為心裡的擔憂、苦惱而什麼事都不想做，

什麼事都說沒辦法做。當我知道金錢恐懼，這恐怕會是伴隨一生直到棺材裡的時候，那該如何去面對生活？我知道我有選擇——只要願意帶著這個問題繼續前進，做我可以做的事，做我應該做的事，做我想要做的事而不因此停擺，不放棄而走回頭路，我會看見「恐懼只是恐懼，那只是一種感覺」，不正確也不真實的想像罷了。

若是每做一個決定，需要用到一千個藉口來證明自己百般的無法由衷，內心會永遠知道，世界上沒有人真的放棄過自己，只有自己先說自己不行。然後繼續傷心難過、在責備與怪罪的日夜裡，人生究竟要何時才願意成全自己的美好人生呢？

「相信」與「堅持」是傻子才會做的事，但都是因為不繞遠路，不逃避而願意面對黑暗時刻的來臨還能繼續前進努力，最後傻子總能品嚐到全力以赴下多汁果實的甜蜜。

專注內心的渴望

Chapter 6

問候自己・一同練習

一、透過瑜伽連結你的身——體位法練習：坐姿（半蓮花式）

1. 在瑜伽墊上雙腳往前延伸。雙手將兩邊臀部肌肉往外撥，讓坐骨可以穩坐於瑜伽墊上。

2. 彎曲右膝將腳掌貼至左腿內側，彎曲左膝將腳掌放置右腿上方。

六、半蓮花式

喜悅的心，如蓮花盛開。

3. 在坐姿中依舊保持尾骨內捲、腹部內收地將脊椎往上延伸。

4. 保持胸肩開擴、肩胛向後向下，兩臂自然放鬆垂下至雙腿膝蓋上方，手心朝上。

5. 輕閉雙眼，將注意力來到鼻子吸氣，與吐氣，將速度一次一次的放慢，專注於呼吸，給自己十分鐘的靜心時刻。

6. 可以再次換腳，輪流讓右腿至於左腿上方。

二、透過瑜伽連結你的心：

在舒服的坐姿中與呼吸的調節下，脊椎的向上延伸可以讓身體的脈輪與脈絡保持連結的通暢，幫助全身與內在感到真正的放鬆、平靜，增加幸福的感受。

讓臉上露出微微的笑容，透過鼻子吸氣，專注在意識上的揚升。

在鼻子吐氣時專注放下那顆想控制與追求完美的心。覺察

與內觀地感知到，無需控制、無需追求，生命之流會帶著你走。

　　三、透過瑜伽連結你的靈：

　　雙手手心朝上平放在盤腿的膝蓋上方，將背挺直微收小腹，輕閉雙眼後，給自己緩慢的七個深呼吸。將注意力放在眉心輪（兩眼之間俗稱第三隻眼的位置），想像有一道靛藍的光芒在眉心輪閃耀著，透過「我看見」來顯化你要的生命藍圖，擴大連結內在視覺的感受，讓心同時產生振動，而加速顯化你要的外在實現。在進行案子企劃之前，將心靜下來連結眉心輪，將會有很棒的靈感湧現。

心靈瑜伽領悟：

從瑜伽中學會專注渴望——唯有讓身心安靜下來，才能貼近自己觸碰內在的渴望。達成目標之前必須先突破內在種種限制感，學習從尊重自己的心念開始，將渴望專注落實在行動上，才能帶來顯化實現的力量。

專注內心的渴望

Chapter 6

專注當下，整個瑜伽墊就是

你的專屬舞台！

225

Chapter 7

敞開**心胸**，機會**無****限**！

How are you doing lately?

只用頭腦揣摩想像，產生恐懼與害怕，
然後就判定 say no 不給予自己有一次嘗試的機會，
那真的將會失去生命原先可以擁有許多豐富精彩的體驗！

告訴自己 Open Mind 我願意去敞開、我願意去嘗試。
提醒、提醒再提醒地告訴自己回到單純的自然裡，
因為只有單純沒有索求，才會自然地擁有「享受」的品質與空間。

第一節
Open Mind

　　每當我坐在書桌前，看著由 Sucharita 與 Michael 兩位老師所頒發的〈200 小時國際瑜伽師資〉培訓合格證書，那證書上最讓我凝視不斷的，不是我的名字，而是證書上印著在台東海邊最美的日出。兩位老師提醒著我們去欣賞日出，去感受這金黃色的溫暖，去感受今天將是全新的一天。這十六天的受訓裡印象最讓我深刻的，是兩位老師在課程前開宗明義地只有要求我們一件事，就是每一個人來到此地受訓練習，就要時時提醒自己打開心胸 Open Mind，去體驗一切，去享受每個過程中的自己。

敞開心胸，機會無限

Chapter 7

也許「Open Mind」是一句耳熟能詳的話語，時常充斥在你我身邊，但是我也時常問著自己，來到一個新的環境或是嘗試一件全新的事情，我是否真的有打開我的心去融入，去體會，去感受這一切？還是大部份的時候我是表明抗拒著先？我也再次地覺察著，與新朋友或老朋友在聊天談話時，是否有敞開心胸地去聆聽對方的聲音，還是我帶著頭腦早已將對方貼上標籤，下了判定，然後假裝聆聽表面的話語？又或者當我需要走到台上去展現自己並且面對不熟悉的學習時，我是否願意敞開心胸給自己有機會去經驗？還是我把心門直接關起來當場拒絕，不接受任何的體驗？

對於天賦的擴展體驗，我也曾經在無數個夜晚中感到相當擔憂而難以入睡，後來透過一次次的練習以及確認自己擁有願意付出的心意，從一開始的瑜伽帶領、讀書會的主持分享、到現在有了外派瑜伽授課的機會、也曾到馬來西亞吉隆坡帶領〈陰陽瑜伽工作坊〉，固定於純粹空間每週二帶領〈喜悅瑜伽〉

課程的進行、以及廣播錄音、學校演講等等不同以往的生命體驗……還有此刻為自己療癒,完成生命中的第一本書寫。我常想,若不是內在有給自己下達 Open Mind,這強而有力打開心胸的指令,帶給我勇往直前去體驗生命的鼓勵,今天不會認識到許多貴人朋友,並且收到這麼多的恩典降臨,體會到由內誕生出來的喜悅歡喜。

「Yes, I do. 我願意」的威力,不只是結婚典禮上交換戒指的山盟海誓,那更是一個人願意敞開心胸,去承擔與接受上天將豐沛無私地給予。

敞開心胸也包括在友誼的關係裡,人與人之間就算是很熟識的朋友,難免也會有起爭執、意見不合的時候,如果不把頭腦裡的既定印象拿掉,怎麼能有辦法重新去經驗這位朋友呢?假設這份關係是在親密的家人或伴侶之間,而內在已為對方下了評判,如果不先將自己關起來的心門再次打開,我們將再也看不到對方身上的優點、以及看不見生命對我們為何是如此地

敞開心胸，機會無限

Chapter 7

安排。又如同面對不曾體驗過的事，就加以拒絕不去嘗試，只用頭腦揣摩想像，產生恐懼與害怕，然後就判定 say no 不給予自己有一次嘗試的機會，那真的將會失去生命原先可以擁有許多豐富精彩的體驗！

如果我要重新經驗一位已被我評定不喜歡的人，或是需要正視面對內在不舒服的事，我就會讓自己閉上眼睛，將脊椎往上挺直延伸，雙手手心朝上往外打開，在吸氣中雙手緩慢地高舉過頭，而我專注於胸肩打開，告訴自己 Open Mind 我願意去敞開、我願意去嘗試。讓自己所下的定義可以再次瓦解或重新去面對，在雙手高舉的同時，冥想著有許多美好的事物從指尖快速地流向我的身體進來，如溫暖的光和愛從頭頂上方灑落下來。緩慢地吐氣讓雙手十指交疊，吐氣下行合掌來到胸口之間。輕輕地再次眼睛睜開，便能用「心」的眼睛去看著對方，擁有「新」的品質與體驗。

然而敞開心胸，也再次提醒著我放掉控制、放掉如何能夠

231

抓取或塑造最佳的呈現狀態。提醒、提醒再提醒地告訴自己回
到單純的自然裡，因為只有單純沒有索求，才會自然地擁有「享
受」的品質與空間。午夜夢迴裡，我時常想著，比人類更巨大
的力量是神的國度，而神的國度是在每一個人內在品質最高、
最具有敬意的位置裡，我相信只要打開了心門，就容易碰觸得
到祂，也將更容易展現祂的無窮力量。

第二節
停止自虐

　　有時候在夜深人靜時，一個人細細回想著，生命一路走來是否會幸福、喜悅或豐收，都是跟「自我允許」有關。如同我的書寫，在 2013 年〈療癒書寫〉課程後就已開始撰寫，但這當中我不僅電腦書寫到一半就 delete 刪除重寫，更是寫完一本又自行改版一本。不知多少個夜裡，我宣告了幾次對自己的誓言？不知我訂出了幾個要完稿的時間，不知熬夜了多少個夜晚，更不知已幾次未做到實現自己的諾言……這當中除了看見我在書寫的過程中，一直追求能達到理想中的完美，我發現，某種程度我也有相當自虐的表現。

問候 自己

你好嗎？

明明知道有一個目標一定要去完成，向自己承諾了一定會盡全力去實現，一而再再而三地向老天說要對祂表達最深的感謝，但碰到內在不舒服的感覺卻又急速的選擇逃避跳開，不願再次經驗過去自己所定義下的失敗，又或者不願意讓自己的身心安定下來，傳達內在理念以及抒發內心想傳遞的情感。然後在午夜夢迴裡，承諾生命而未去實現的良知像一把鋒利的刃刀，在心頭上劃呀劃地自我折磨……

自虐的表現也讓我想起過去的戀情，明明內在渴望擁有幸福、有人疼愛、有人呵護，卻在無知的歲月裡，那些疼愛我的男人，我卻說人家沒有個性。呵護我的，我卻不懂得要珍惜，結果把感情寄託在一位始終無法對我付出的男人，長達十多年的糾結、牽掛與思念，然後在夜裡、在酒裡、在音樂裡繼續地縈繞盤旋。自虐的表現又如同生命的擴展，故意讓自己停滯而無法向前，不是沒有機會來臨，而是自己設下了層層關卡，說著我不行、我準備的還不夠、我還不是……然後讓生命又再度

陷入停滯的懊悔窘境。

　　回想起這些在生命不斷上演的循環，我發現真正不讓自己幸福起來的兇手，不是別人，而是自己。當我檢視著內在方程式的設定，先前我認為生命要大起大落才算精彩、愛情要難分難捨才代表這段關係有如劇情般地濃厚情感、金錢的流向要全靠自己努力掙得才可以證明自己的價值存在……看著這些錯誤的方程式，我驚呼地連忙喊「卡！！！」，卻也不知從什麼時候開始如此地植入腦海……

　　我問了問內在小孩：「真的還要讓自己這樣不安定地繼續下去嗎？真的還要裝作不懂事嗎？真的不願意讓自己幸福美滿、財務豐盛嗎？真的不願意讓人生有更多不同的體驗擴展嗎？」我只聽到她的呼喚伴隨著無盡的吶喊，大聲又清楚地說著：「我願意啊！我願意長大，我願意承擔，我願意從新開始學會對自己的生命負責。我願意讓自己得到幸福、財務自由豐盛、我願意讓自己有更多美好的體驗擴展。」

接著我請求內在小孩的允許，並請求內在小孩的成全，請內在的 Amy 帶領著我一同負起對生命應有的責任，打從心底地善待自己，允許自己並成全自己。

我想，對外在世界 Open Mind 之前，更重要的要先對自己 Open Mind 地善待。

第三節
用心生活就是熱愛自己

　　大學畢業後的我，開始向外尋找所謂理想中的生活，並且不斷地向外探索，試著在千變萬化的世界裡找到如何成為期望中的那個自己，尤其在二十五歲的年齡，十分好奇著任何有關「愛自己」的課題。

　　最初二十幾歲的我，認為擁有好品德與身體保持健康是愛自己的第一步驟。然而二十五歲的我對於追求所謂的功成名就以及對幸福的嚮往，開始心急地向外索求，卻也因為索求不到而倍感失落，因而讓我轉入對心靈世界的探索。如今又過了十年來到三十五歲的我，對於愛自己的課題，我會以「用心生活」

的態度來提醒自己。但是「用心生活」這四個字看起來很簡單，實際上卻一點也不容易。因為生活豈是活在這個世界上而已？看著臉書與部落格的文章，有越來越多人已體會到生活不只是生存而已，生存只是滿足於解決個人在食衣住行基本需求的問題上，而生活涵蓋了廣泛的含意，對我來說是一種將個人的靈魂本質，真實活出內在的品質，「用心生活」更是對生命表達真摯的感謝以及最實際的回饋。

每當我翻開時尚雜誌、財經雜誌、生活藝術雜誌、空間佈置雜誌、美食雜誌等，我都會特別去欣賞那些被採訪或撰寫文章的人物與大頭照。即便在各種不同的類型文章，他們展露出來的笑容卻是一樣地有自信、有屬於各自的精神涵養。我極為欣賞著他們用心生活在各自領域中實踐著對生命的期許與實踐目標，同時我也希望能有這樣「用心生活」的品質與體驗。

在慶玲老師〈邁向天賦之旅〉的課程中，老師協助我們將每一天可利用在地、水、火、風的天賦體驗的時間都安排計算

出來，我總能明確地感受到，如果那陣子有走在實踐天賦體驗的目標上，內在便湧出好踏實的感覺、那種快樂和喜悅也許不是達到目標的成功，但那份滿足會讓我知道我有在用心過著生活，我有一步一步實踐著對生命的承諾。

擁有堅定感的自信是來自有對自己真摯的付出。

倘若我只是將渴望的目標寫下來後就棄之不理，不論那陣子有多麼地忙碌，我的內在良知都會知道，時間如同女人的乳溝，擠一擠，時間一定都會被擠得出來，沒有去做的眾多藉口，只會讓我對自己感到更加洩氣、更加失意而已。偷懶或不願對自己的承諾負責而虛擲時光，就算那一天沒有發生什麼不愉快的事，心裡也難以真正快樂起來，即便是出國遊玩放鬆渡假，內在也會感受有種空虛感。所以在結束一天的夜裡，我會感受此刻當下的心情，內在是否覺得踏實平安，還是空虛不安？檢視今天是否有為生命付出哪些努力，是否有為生命做些有意義的事情？

　　如今看著我的好姊姊安乃文從埋頭苦幹的芳療師，透過內省的功夫與堅持不斷的成長學習，還有那「神農嘗百草」的精神，凡事以自己先當實驗品，用實際的領悟來驗證所學，今日蛻變成為精油與花精的自然療法專家，著作了〈生命十重奏〉一書，安姊姊的生命蛻變令我十分的欽佩與敬愛。還有北、中、南部的同修好友——玉娟、惠玲、美鳳、昱龍，他們也都各自成立心靈成長空間。同修們曾昭惠所書寫的〈山茶花戒指〉也已在賽斯文化出版、玉英也願意每月帶領電影欣賞、俞竹則為生命的領悟畫出一幅幅的大型創作油畫、其他同修們也陸續願意奉獻內在所學，主動地帶領著每月的純粹讀書會。而我從對生活感到迷茫的餐飲服務員，深入學習地成長為個案療癒師及瑜伽帶領老師，這樣的蛻變過程，是慶玲老師帶領著我們一步一步朝向各自的天賦邁進，去體驗並實踐內在的深處嚮望。老師用心生活的態度實際影響了我們大家，而我也期許自己透過心靈與瑜伽的深入連結，能幫助到更多人的身心平衡與擴大各

自內在的無限潛能。

　　我想唯有在生活上用心的人，才會對自己投入無限的熱情與耐心，會把握各種不同機會的來臨，會打開眼睛去發現生活上的美好與驚喜，會注意世界萬物在巧妙的變化，會給予自己與他人真摯地鼓勵。這樣一份美好的心念，揚升的頻率將吸引著美好、快樂的事物來到身邊，我相信在生活上用心的人，肯定是愛自己的最佳表現。

第四節
由衷地表達感謝

　　慶玲老師在馬來西亞〈從天賦邁向豐盛〉的課程裡，曾提到「奉獻，是轉換能量的鑰匙。」我同時覺得「感恩，是喜悅豐盛的開始。」

　　有一天，我特地選擇在早晨醒來後，睜大眼睛去細看生活中這再平凡不過的一切。我從睡醒的床開始感受著床墊軟硬的舒適、感受房間裡冷氣空調吹出來的溫度、打開化妝室洗手台的水，感謝著水帶給我們生活上的方便、接著注視牙膏從軟管上緩慢地擠出一條排列在牙刷上、透過手心觸摸著毛巾帶給臉部的舒適。接著感謝馬桶的順暢與衛生紙的發明、然後讓身體

敞開心胸，機會無限

Chapter 7

喝幾口白開水潤潤腸胃、播放著音響裡的音樂、在瑜伽墊上開始伸展肢體。之後再次沖澡，按壓著沐浴乳的擠出、沖熱水、使用吹風機吹乾頭髮、擦拭身體後換穿衣服，並在臉上塗抹保養品。出門之後外發現不論是自己騎機車，還是開車、搭公車、搭捷運、坐高鐵、搭飛機⋯⋯等等，我發現生活裡哪一項東西不是透過「偉人」的發明，讓我們生活可以如此便利，哪一樣東西不是被提供滿滿的服務，我們才得以享用的如此舒適。

刻意地「放大」身邊所接觸到的一切，真的要對所看見的、所觸摸的、所吃到的、所聞到的、所聽到的一一表達感謝之意，是不可能完整的。由於這樣刻意的一一表達感謝，我發現在生活中，我們每天都不斷地在接受他人所提供的服務。「我們真的被照顧得很好」，如果沒有刻意去思考與察覺，確實會以為花了金錢所得到的這些享受，都是理所當然的交換條件，然而這樣交換條件的生活，便將生活裡的真善美，都視為理所當然而失去更多美好經驗。

　　刻意回想我們在還未出生時,就已經開始接受不斷的給予。母親給予我們在子宮裡安心長大九個月,接生時有醫療團隊給予專業細心的照顧,父母親給予我們日常生活無盡的愛,老師們在學業上給予知識的提升,同學們在學校裡給予添增回憶和歡笑,公司在實現自我期許上給予許多加薪的機會,同事在團隊合作下給予我們互相幫助和支持,包括寵物都給予我們心靈上十分療癒的撫慰。

　　放大生活上的點點滴滴,我們確實一直享受在別人的給予裡,若將這一切視為理所當然,真的不會知道自己有多麼地幸福。我們在成長中的每個時刻裡,確實都是得到身旁每一位「貴人」所提供的協助下,進而成長蛻變的。也許是不經意的一本書、一幅畫、一首音樂、一個作品、一隻動物或是一句話語,都能在生命中帶給我們提升心靈的轉變。感謝這些願意將心靈世界分享出來的行動者,讓我們可以去品味、去欣賞、去感受、去探索、去覺察生活,讓心靈有更美好的揚升體會。

Chapter 7

倘若生命一直停留在接受給予的狀態裡，能量只有進沒有出，身體就很容易腫脹，因此情緒釋放是平衡身心壓力很重要的一環，而身體在透過瑜伽伸展、呼吸調節的過程中有一個放鬆釋放的出口，更有鍛鍊意志的培養，連結意識層次的提升。我們在生活裡一直被給予接受著，心靈是豐盈的，可是唯有透過奉獻所學與行動的付出，才能感到生命由內而外誕生的真實喜悅。

因此在家裡我們能給予父母親由心出發的關懷與孝道，在學校裡給予老師和同學真正的感恩與尊重，在公司裡給予同仁和顧客最好的感恩與服務，在關係裡給予摯愛和朋友真摯的照顧，在生活裡給予陌生人一個及時的幫助，所謂施比受更有福，願意給予的人，內在裡早已告訴自己我是富有的、我是豐盛的，所以外在世界就將顯化富有與豐盛的狀態。

佈施，也從來不只是有錢人的權利，所謂的有錢出錢、有力出力，在鼓舞他人的心靈時，給予一份支持和信任，都是一

種言語的付出與佈施。我相信心願越大，力量將越大，當心願是助益於社會人群時，這份使命感將讓生命活得更精彩。

唯有在每一份真心無私地付出，才能在過程中累積一份堅定滿足的踏實。

唯有在每一份真心感謝裡，才能體會到生命早已豐盛皆俱足。

我在緩慢的瑜伽伸展中，與身體連結並投入感情，最想對身體表達的是感謝身體給予這麼多寶貴的體驗，如果失去健康的身體，爬山、騎車、游泳、散步、舞蹈、行走……等等所有活動，將會有多麼地困難與不容易。所以今後我願意，用真心關懷對身體付出，用實際運動對身體付出，用感謝祝福對身體付出，在擴展自我的實現道路上，隨時檢視內在的心靈是否和諧，心口是否合一。

今後我只問自己，在生命的道路上，是否已全然的投入與付出？我願意放掉想緊抓的控制和不信任的擔憂，因為我知道

敞開心胸，機會無限

Chapter 7

那是完美情結下的產物。我願意投入一百分的情感、投入一百分的熱情與投入一百分的真心，不論究竟結果有沒有達到別人眼中的一百分，我只希望自己是盡情盡興地享受生命，去認出所有生命中的一切都是愛的發生。

問候自己・一同練習

一、透過瑜伽連結你的身——體位法練習：勇士（二）

1. 雙腳站立於山式，尾骨內捲，腹部內收地讓脊椎往上延伸。

2. 右腳保持平行往後踩一大步，讓右腳大拇趾往外朝向90度，左腳腳跟平行相對在後腿右腳足弓的中間。

3. 將身體往右邊轉，讓骨盆朝向正前方，左腳膝蓋朝向第二根腳趾頭方向。

4. 雙手平舉於身體兩側，一個吸氣保持脊椎往上延伸，吐

氣時慢慢地將左腳彎曲，垂直於地面約 90 度。讓身體重心保持在右腿的向下扎根，而非將身體重量完全放在左腿膝蓋。

　　5. 透過呼吸調息保持尾骨內捲、腹部內收、脊椎往上延展，讓眼睛專注在左手前方，展現勇士自信的力量。

七、勇士（二）

像個勇士般地瞄準渴望，達成目標！

二、透過瑜伽連結你的心：

勇士式（二）與勇士（一），連結雙腳往地底下扎根，如同將想達成的目標，藉由實際的行動，踏實地落入生活裡，讓自己離期望中的自己可以透過每天的練習而更加地靠近。

勇士式（二），前腳下蹲，但後腳往地下扎根，一手朝向目標往前，一手行動實踐理念，使身體平衡於中間，隨著脊椎往上延伸連結內在最高意識，睜開雙眼專注理念。學習在目標導向的社會裡，秉持初衷不迷失自己，踏實生活而更有自信。

三、透過瑜伽連結你的靈：

雙手手心朝上平放在盤腿的膝蓋上方，保持腹部內收讓脊椎往上延伸，輕閉雙眼，給自己七個緩慢的深呼吸。將注意力放在頂輪（位於頭頂、百會穴），想像一道紫色的光芒在頂輪閃耀著，透過「覺知」連結內在大我的神聖意識，用更高的意識層次來引導更有智慧地生活。

心靈瑜伽領悟：

　　從瑜伽中學會敞開心胸──沒有 Open Mind 就無法迎接美好的事物進來。在靜心中雙手放至膝蓋上方，手心朝上，代表我願意敞開，當心願意敞開才能承接上天給予的禮物以及出現在生命中所有的美好精彩。

敞開心胸，機會無限

Chapter 7

我想對您表達最深的感謝

這本書的誕生我要特別感謝王慶玲老師。在 2013 年第一班的〈療癒書寫〉課程後至今已是兩個年頭的時間，每回寫到過去的傷痛，因為不願面對心裡的黑洞，我幾乎快要放棄自己、放棄對生命的承諾。若不是老師不斷地給予我信心、對我加油喊話，鼓勵著要把夢想做真地堅持下去，我相信內在良知會永遠知道，停止書寫這份對生命的承諾，一定會讓我在人生中留下很大的遺憾。更感謝老師的帶領，讓我成為心靈療癒師，並一步一步擴展天賦體驗，達成一名瑜伽老師的實踐。謝謝老師教會我，去成全自己生命中美好的一切發生。感謝您，這一生如同家人般、我最親愛的朋友、生命教練、蛻變生命的帶路人──王慶玲老師。

而我更要感謝「純粹心靈療癒瑜伽空間」的合夥創辦人──安乃文老師，亦師亦友的真摯情感，如同親姊姊般相互信任與陪伴。慶玲老師是帶領我生命蛻變成長極為重要的貴人，

問候自己 你好嗎？

而您更是我生命中的頭號貴人！感謝您帶我走進心靈力量的浩瀚世界，若不是您這位帶頭雁在前方展翅高飛，我不會有這樣的堅持在後頭緊追。尤其在書寫的日子裡，大多時間是您的成全讓我安心在外租的套房裡專心進行著書寫，讓您一個人辦公，真的辛苦了！也謝謝您更是在生活中對我多方面的包容與照顧，總是給予最即時的指正與支持。謝謝您，我愛您，我的好姊姊，安乃文老師。

誠摯感謝在純粹空間裡曾帶領我的瑜伽老師：林佑竹老師、Tarranii 老師以及張慶安 Mike 老師，謝謝你們開啟了瑜伽世界的大門，你們耐心的指導與不藏私的分享瑜伽智慧，讓我進而開始跟身體對話，讓我喜愛上瑜伽這個古老的修行與智慧。

謝謝在今年 2015 年，台東東河鄉「Yoga House」的 Michael 老師和 Sucharita 老師，帶領我在十六天的瑜伽師資培訓深入覺察與學習。我也永遠記得 Alexcender 老師還有 Harley 老師（兩位老師的小孩以及愛犬，小孩與狗也是最偉大的

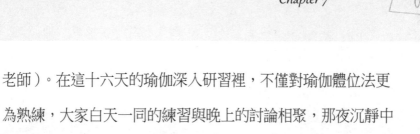

老師）。在這十六天的瑜伽深入研習裡，不僅對瑜伽體位法更為熟練，大家白天一同的練習與晚上的討論相聚，那夜沉靜中細細體會一個人的步行讓我淚如雨下，教會我觸碰內心與敞開心胸的重要性。

謝謝我人生的第一份工作，歐式派店西餐廳的老闆 Boss 與店長阿 May，第一份工作是導正一個人學習心態的重要時刻，謝謝你們對每位員工親如家人，對我更是疼愛照顧。

謝謝馬來西亞吉隆坡「Artertainmemt 藝樂坊」的 Amanda 老師，若不是您與慶玲老師所給予的一切因緣，我不會認識並擁有現在對我無條件接納，百般呵護與給我支持力量的伴侶 Adryseus。

謝謝在台北外地生活的我，一直受到邱煌元大哥與楊志強大哥的照顧，謝謝在生命過往裡留下故事回憶與至今一同走來的朋友、還有我曾服務過的客人、一起共事過的主管與同事，以及在純粹空間裡所認識的每一位同修夥伴，感謝生命中有您

的出現與陪伴。

真摯地感謝「永續圖書有限公司與大拓文化」的所有團隊，謝謝你們將此書圓滿誕生並妥善熱切地照顧，十分感恩。

最後我要感謝我的父親、母親與姊姊，沒有你們的支持與祝福，今日我無法創立「純粹心靈療癒瑜伽空間」，在這成長環境中不僅療癒了自己，同時讓多的朋友一起共振成長、蛻變生命。誓願今後走在體驗付出的道路上，奉獻所學來回饋生命並表達對父母最深的感謝。

謝謝每一位親愛的讀者，願我們都能做回最真實自在的自己，學會放下期望中的完美，在每晚入睡前問候自己一聲，你好嗎，來關心此刻的心靈品質，讓身心擁有最和諧的力量。

大大的享受拓展視野的好選擇

永續圖書線上購物網
www.foreverbooks.com.tw

謝謝您購買 ＿＿＿＿＿問候自己, 你好嗎＿＿＿＿＿ 這本書！
即日起，詳細填寫本卡各欄，對折免貼郵票寄回，我們每月將抽出一百名回函讀者寄出精美禮物，並享有生日當月購書優惠！
想知道更多更即時的消息，歡迎加入"永續圖書粉絲團"
您也可以利用以下傳真或是掃描圖檔寄回本公司信箱，謝謝。

傳真電話：（02）8647-3660　　　　　　信箱：yungjiuh@ms45.hinet.net

☺ 姓名：　　　　　　　　　　□男　□女　　　□單身　□已婚

☺ 生日：　　　　　　　　　　□非會員　　　□已是會員

☺ E-Mail：　　　　　　　　電話：（　）

☺ 地址：

☺ 學歷：□高中及以下　　□專科或大學　　□研究所以上　　□其他

☺ 職業：□學生　　□資訊　　□製造　　□行銷　　□服務　　□金融
　　　　□傳播　　□公教　　□軍警　　□自由　　□家管　　□其他

☺ 您購買此書的原因：□書名　　□作者　　□內容　　□封面　　□其他

☺ 您購買此書地點：　　　　　　　　　　金額：

☺ 建議改進：□內容　　□封面　　□版面設計　　□其他
　　　您的建議：

新北市汐止區大同路三段一九四號九樓之一

大拓文化事業有限公司收

請沿此虛線對折免貼郵票，以膠帶黏貼後寄回，謝謝！

想知道大拓文化的文字有何種魔力嗎？

■ 請至鄰近各大書店洽詢選購。

■ 永續圖書網，24小時訂購服務
www.foreverbooks.com.tw
免費加入會員，享有優惠折扣

■ 郵政劃撥訂購：
服務專線：(02)8647-3663
郵政劃撥帳號：18669219